CAPO
MIRINA CAPO
SARDINES in SALT
DALMATIAN HAM
CHEESE
MOUSSELS
SEA SALAD
TINY FISH

CEREA

KROATIEN

terra magica®

Fotos: Oliver Bolch / Text (ohne Bildlegenden): Rainer Höh
Gestaltung Umschlag: Wolfgang Heinzel
Lektorat: Samuel Bieri

ISBN 3-7243-0394-7

BILDLEGENDEN

Bild rechts

Dominikanerkloster (15. Jh.) in Bol auf Brač

Vorsatz vorne (von links nach rechts)

• Franziskanerkloster in Šibenik
• Brodarica, Dalmatien
• In Trogir, Dalmatien
• Marmorsteinbruch bei Nerežišća, Insel Brač
• Barockkirche Sankt Maria vom Schnee in Belec, Zagorje
• Schafschur auf Pag
• Leuchtturminselchen vor der Stadt Hvar
• Sommerkarneval in Rovinj, Istrien
• Landschaft mit endlosen Steinmauern auf Pag
• Am Großen See auf Mljet
• Auf der Fähre von Dubrovnik nach Split
• In Dubrovniks Altstadt

Seite nach Vorsatz vorne

• In der Euphrasius-Basilika (6. Jh.) in Poreč, Istrien
• Im Stephansdom (13. Jh.) von Zagreb
• Seitenaltar in der Kathedrale Sankt Markus (15. Jh.) von Korčula
• Bibliothek des Franziskanerklosters von Dubrovnik
• In der Wallfahrtskirche Marija Bistrica aus dem 14. Jh. (Zagorje)
• Sarkophag von Sankt Simeon in der gleichnamigen Kirche in Zadar

Seite vor Vorsatz hinten

• Bronzeflötist in Osor auf Cres
• Fort Bokar von Dubrovnik
• Ruinenstadt Dvigrad, 1631 wegen Pest verlassen (Istrien)
• Im Palazzo Soardo-Bembo von Bale, Istrien
• An der Save im Naturschutzpark Lonjsko polje, Zagorje
• Steinhaus auf Ilovik, einem Inselchen südlich von Lošinj

Vorsatz hinten

• Altstadtgasse in Rovinj, Istrien
• Olivenhain auf Pag
• Markt in Pula, Istrien
• Altstadtgasse in Pag
• Ballonfahrt über Südistrien
• Fischer in Fažana
• Wehrturm im Städtchen Krk auf der gleichnamigen Insel
• Steinrelief an der Kathedrale Sankt Dominus (Duje) von Split
• Hafenabend in Ližnian, Istrien
• Fassaden in Rijeka, Kvarner Bucht
• Im Sponza-Palast (1520) von Dubrovnik
• Blick vom Vidova Gora (778 m ü.d.M.) auf Brač zur Insel Hvar

terra magica

Oliver Bolch · Rainer Höh

KROATIEN

Mit Inseln, Istrien und Dalmatien

terra magica

Bildinhalt

Dieser Bildband besteht wie alle Werke von terra magica aus zwei Büchern: Der Text schildert Kroatien aus der Sicht des Textautors, die Bilder zeigen die Impressionen des Fotografen auf seinen Kroatien-Reisen. Die folgenden Seitenzahlen nennen jene Seite, auf der die Legende zum entsprechenden Bild gedruckt ist.

Textinhalt

terra magica

SLOWENIEN
UNGARN
KROATIEN
BOSNIEN-HERZEGOWINA
SERBIEN
ITALIEN
Adriatisches Meer
Dinarisches Gebirge
Dalmatien
Slawonien
Podravina
Zagorje
Krajina
Velebit
Istrien
Medvednica
Ljubljana
Zagreb
Sarajevo
Belgrad
Novi Sad
Pécs
Triest
Ancona
Pescara
Čakovec
Varaždin
Koprivnica
Križevci
Djurdjevac
Bjelovar
Vitrovitica
Krapina
Veliki Tabor
1059 m
1035 m
Sljeme
Samobor
V. Gorica
Sisak
Petrinja
Glina
507 m
615 m
Kutina
Novska
Brezovo Polje
984 m
Papuk
953 m
Nova Gradiška
Sl. Požega
Slavonski Brod
Našice
Valpovo
Osijek
Beli Manastir
Dakovo
Vukovar
Vinkovci
Karlovac
Ogulin
Slunj
Plitvička Jezera
Nationalpark Plitwitzer Seen
Bihać
Banja Luka
Rijeka
Nationalpark Risnjak
Opatija
Bakarac
Crivenica
Novi Vindolski
Senj
1164 m
1699 m
Krk
569 m
Cres
Lopar
Rab
Mali Lošinj
Lošinj
Ilovik
Pag
Olib
Vir
Premuda
Molat
Karlobag
Gospić
Nationalpark Paklenica
Zadar
Ugljan
Dugi Otok
Pašman
Biograd
Benkovac
Knin
Dinara
1831 m
Krka
Nationalpark Krka
Drniš
Svilaja
1509 m
Sinj
Kornat
Murter
Vodice
Nationalpark Kornati-Inseln
Kornaten
Šibenik
Žirje
Zlarin
Primošten
Marina
Trogir
Salonae
Split
Omiš
Imotski
Supetar
Šolta
Brač
Bol
Makarska
Goldenes Horn
Hvar
Vis
Svetac
Biševo
Vela Luka
Blato
Korčula
Orebić
Pelješac
Ploče
Opuzen
Narona
Metcovic
Mostar
National-park Mljet
Mljet
Lastovo
Sušac
Šipan
Dubrovnik
Cavtat
Konavlje
Umag
Novigrad
Motovun
Poreč
Vrsar
Limski-Fjord
Rovinj
Labin
Rabac
Barban
Nationalpark Brijuni
Brijuni
Pula
Medulin
Kvarner Bucht
Save
Kupa
Drau
Donau
Neretva
Drina
0
50
100 km
© KARTOGRAPHIE Peh & Schefcik, Eppelheim

Europas Sonnenbalkon

Die Adriaküste Kroatiens zwischen Istrien und der Bucht von Kotor ist der traditionelle Sonnenbalkon Europas: eine buchtenreiche Küste, vor der ein Labyrinth aus Hunderten von romantischen Inseln aus dem Blau der Adria leuchtet. Und seit der Unabhängigkeit wächst die Zahl regionaltypischer Restaurants und sympathischer Hotels mit individuellem Charakter von Jahr zu Jahr. Viele wertvolle Baudenkmäler wurden restauriert, auf Campingplätzen sind modernere Sanitär- und Kläranlagen entstanden, neue Straßen wurden geschaffen und bestehende ausgebaut.

Rund 1800 Kilometer lang ist allein Kroatiens Festlandsküste. Davor liegen annähernd tausend Inseln und Inselchen, von denen nur etwa sechzig ständig bewohnt sind. Tausend Inseln: Das sind tausend Paradiese, tausend Träume und tausend Verlockungen. Kahle Felseneilande oder subtropische Palmengärten, stille Badebuchten, maritime Schutzgebiete und einsame Robinson-Inselchen. Kaum eine Insel gleicht der anderen. Jede hat ihr eigenes Gesicht, ihre Besonderheiten und Kostbarkeiten: pittoreske Fischerdörfer mit bunten Booten oder prachtvolle venezianische Festungsstädte, duftende Lavendelfelder und Pinienwälder oder hohe, schroffe Berge und stille Altstadtwinkel. Ein buntes Kaleidoskop von allen Reizen mediterraner Gestade. Und direkt hinter dieser Küste steigt ein Karstgebirge mit weißen Felsen, Schluchten und Pfaden fast 1800 Meter hoch in den blauen Himmel. Ein Eldorado für Wanderer und Kanuten, für Kletterer und Freunde grandioser Natur.

Der kroatischen Küste wird jedes Jahr bei Tests das klarste und sauberste Wasser des ganzen Mittelmeers bescheinigt – und das macht sich nicht nur beim Baden und Tauchen bemerkbar, sondern auch im Restaurant: durch Fisch und Meeresfrüchte von höchster Qualität. Die zahllosen Buchten und Archipele sind ein wahres Paradies für Taucher, Segler und Wassersportler. Baden und Sonne tanken, segeln und wandern, die Sommernacht durchtanzen oder Robinson-Urlaub auf unbewohnten Eilanden genießen . . .

Doch die kroatische Küste ist weit mehr als nur ein Sonnenbalkon. Sie bietet eine vielfältige, facettenreiche Landschaft und Kultur, in der – wie in einem magischen Spiegel – jeder das entdeckt, was seinem Wesen entspricht. Spaziergänger sind berauscht von Palmenpromenaden und vom Gassenlabyrinth der venezianischen Hafenstädte. Der Gourmet erfreut sich an einer abwechslungsreichen und leichten Küche mit Schafskäse, Schinken und Oliven, mit edlen Weinen, exzellenten Fischgerichten und frischen Meeresfrüchten. Kulturfreunde schwärmen von der Fülle kostbarer Baudenkmäler und mittelalterlicher Museumsstädte. Und Romantiker geraten in den Bann der archaischen Landschaften.

Mittelalterliche Festungsstädte wie Dubrovnik, Trogir, Korčula und Zadar lassen die Glanzzeiten der Serenissima, wie Venedigs Beiname lautet, lebendig werden. Besucherinnen von Pula genießen Opern und Konzerte in einem der größten römischen Amphitheater. Historische Kurorte wie Hvar und Opatija versinken in der Pracht von Palmen und Oleander, und in den Bergstädtchen im Hinterland Istriens scheint die Zeit stillzustehen. Malerische Insel- und Fischerstädtchen wie Rovinj und Primošten locken mit schattigem Gassenlabyrinth, die Insel Rab mit ihrem Paradiesstrand und die Riviera von Makarska mit 50 Kilometer Badeküste und Badebuchten. In den Nationalparks von Plitvice (Plitwitz) und Krka erleben Sie weiße Sinterterrassen, tiefgrüne Seen und eine einzigartige Wasserwelt. Und in der Paklenica-Schlucht entdecken Sie wilde Karstcanyons; in Split trinken Sie Ihren Espresso mitten in einem einstigen Römerpalast. Zauberhaftes und Unvergessliches für jeden und jede – und für jeden etwas anderes. Das ist es, was diese Küste zur faszinierenden Ferienküste macht!

Istrien

Die herzförmige Halbinsel im Norden der kroatischen Küste gehört zu den klassischen Feriengebieten des Mittelmeers. Kleine Fischerdörfer mit Restaurantterrassen und Bootshäfen, zahlreiche Campingplätze, FKK-Strände, Bungalowsiedlungen und Hotelanlagen säumen fast nahtlos das Sträßchen, das sich der karstigen Außenküste entlang gen Süden zieht. Dazwischen bleibt kaum eine Handtuchbreite freier Strand. Alles liegt fest in der Hand des Tourismus, der hier bereits Mitte des 19. Jahrhunderts begann, als Adelige, Künstler und Diplomaten aus Österreich und anderen Ländern Ort wie Opatija und Crikvenica wegen ihres milden Meeresklimas zur «Sommerfrische» wählten – angeführt deshalb, weil man damals den Strandurlaub noch im Winter machte.

Doch zugleich ist Istrien seit Jahrtausenden ein Brennpunkt europäischer Geschichte und Kultur, ein Kreuzweg der Völkerströme, an dem Waren und Ideen ausgetauscht wurden. Hier kreuzte die römische Via Appia die noch viel ältere Bernsteinstraße. Illyrer, Ostgoten, Langobarden und Franken haben auf der Halbinsel ihre Spuren hinterlassen. Römer, Byzantiner, Venezianer, Slawen und die Donaumonarchie haben dem Land ihren Stempel aufgedrückt. Hier begegnen sich Mitteleuropa und mediterrane Kultur, Italien und Balkan, römische und orthodoxe Kirche, Katholizismus und Islam, germanische, romanische und slawische Einflüsse – und bilden ein buntes und lebendiges Kaleidoskop. Als sichtbare Zeugen dieser Vielfalt hat eine Fülle kultureller Denkmäler die Jahrhunderte überdauert: das römische Amphitheater in Pula, die byzantinische Euphrasiusbasilika in Poreč, venezianische Campanile und Loggien fast in jedem Ort, mittelalterliche Festungen, gotische und barocke Paläste. Zweitausend Jahre Geschichte zum Anfassen – wie in einem großen Freilichtmuseum.

Abend im Hafen von Savudrija, Istrien, mit aufgehängten Fischerbooten

Istriens Westküste

Ein erstes leuchtendes Beispiel für den historischen und kulturellen Reichtum Istriens ist Poreč, dessen reizvoll auf einer Landzunge gelegene Altstadt den Fußgängern vorbehalten bleibt. Natürlich ist auch Poreč ein Zentrum des Badetourismus, keine Frage. Doch der mittelalterliche Stadtkern mit seinen Zeugen römischer und venezianischer Geschichte lockt außerdem Besucher, die mehr als nur in der Sonne braten wollen. Malerische Pflastergässchen und verwinkelte Seitenwege laden zum Bummeln ein. Hauptachse ist der schattige Decumanus-Korso – seit nunmehr zweitausend Jahren! Unzählige Füße haben die gelbgrauen Kalkplatten so blank poliert, dass sich nachts das Mondlicht darauf spiegelt. Die Erdgeschosse der alten Häuser hat inzwischen der Tourismus erobert – Souvenirgeschäfte, Galerien, Boutiquen und Eisdielen reihen sich aneinander. Blickt man jedoch empor, so kann man überall Schmuckstücke venezianischer Baukunst entdekken: spitzbogige Fenster, schnörkelige Säulen, Veranden, Loggien und kleine Balkone, Stuckverzierungen und prachtvolle Fassaden.

Hauptziel der Besucher ist jedoch die etwas abseits des Decumanus gelegene Basilika, die Bischof Euphrasius im 6. Jahrhundert errichten ließ: ein Prachtstück frühbyzantinischer Kirchenarchitektur mit ausgezeichnet erhaltenen Mosaiken. Im schwachen Flackerlicht der Kerzen schimmern die Gold- und Perlmuttplättchen aus dem Dämmer der Gewölbe hervor, mysteriös wie eine überirdische Erscheinung. Sie zeigen unter anderem den Bauherrn Euphrasius mit einem Modell der Kirche in der Hand, den Märtyrer Maurus und eine der frühesten Darstellungen der Muttergottes als Himmelsherrscherin.

Wenige Kilometer südlich von Poreč erreicht man Funtana: 600 Einwohner, 50 Gaststätten! Man sieht, wo hier der Schwerpunkt liegt. Das Dörfchen ist ein Mekka der Feinschmecker. Es besitzt mehr hervorragende Restaurants als jeder vergleichbare Ort Kroatiens. Frischen Fisch und heimische Weine servieren sie fast alle. Daneben bietet aber jedes der Lokale seine eigenen Spezialitäten an.

Als pittoreskes Küstenstädtchen und Sommerfrische par excellence präsentiert sich das benachbarte Vrsar. Das haben schon vor Jahrhunderten die Bischöfe von Poreč erkannt und hier ihre Sommerresidenz eingerichtet. Aber nicht allein die geistigen Herren, auch Giacomo Casanova hat Vrsar mehrfach besucht – und er ließ sich hier sicher nicht nur von der schönen Lage der Stadt verzaubern. Umgeben von einem Gürtel grüner Inseln, erhebt sich der Ort terrassenförmig auf einem Felsen über dem Meer, flankiert von traumhaften Felsenstränden. Vom Hügel mit den Ruinen der einstigen Bischofsresidenz und dem schneeweißen Glockenturm genießt man den schönsten Blick: Dicht vor der Küste schwimmen 18 Inselchen im tiefblauen Meer, bedeckt vom satten Grün der Macchia und gesäumt von leuchtend weißen Stränden. Ein Traum für jeden Urlaubs-Robinson!

Marmorstadt Vrsar

Bekannt ist Vrsar aber auch für seinen hochwertigen Marmor. Viele Kirchen und Paläste in Norditalien wurden aus diesem Stein errichtet. Schon die Römer haben ihn abgebaut, und seit Jahrhunderten kommen europäische Bildhauer wegen dieses Steins nach Vrsar. Im ehemaligen Steinbruch Montraker (auf dem Gelände des Campingplatzes Turist) halten Künstler aus aller Welt jeden Sommer ein Symposium ab, bei dem die Gäste miterleben können, wie aus dem Stein eine Skulptur entsteht. Und drei Kilometer von Vrsar entfernt, in Richtung Funtana, liegt dicht am Meer der zehn Hektar große Skulpturenpark Dušan Džamonja. In einer malerischen Wiesen- und Hügellandschaft sind dort zahlreiche Plastiken dieses namhaften Bildhauers zu sehen, dessen

Bilder rechts, nächste beiden Seiten und Doppelseite 12/13

Istrien

• Abendblick auf Poreč mit Euphrasius-Basilika

• Städtchen Vrsar; am Limski-Fjord

• Rovinj mit Dom Sankt Euphemia (1736, 60 Meter hoch)

• Rovinj: Blick vom Euphemia-Glockenturm; Balbi-Tor (1860) als Altstadteingang

PO-1307
PO 194

Werke in den bedeutendsten Galerien von New York, London und Paris ausgestellt werden.

Südlich der Stadt verbergen sich in den Pinienwäldern entlang der Küste zahlreiche Feriensiedlungen, Hotels und Campingplätze, darunter eines der größten und bekanntesten FKK-Zentren ganz Europas: der 120 Hektar umfassende und weitgehend autarke Campingplatz Koversada. Mit sieben Restaurants, zwei Supermärkten, einem Sportgeschäft, eigenem Postamt und eigener Ambulanz bildet er eine komplette Kleinstadt mit 8000 nackten Bewohnern. Da braucht man fast schon einen «Stadtplan», um sich nicht zu verlaufen. Hervorgegangen ist diese Metropole der Nackedeis aus einem Zeltcamp, das bereits 1961 auf der romantischen Insel Koversada entstanden ist. Heute verbindet eine Brücke dieses Inselchen mit dem Festland, aber nach wie vor ist es ein autofreies Nudistenparadies und ausschließlich den Zeltcampern vorbehalten.

Das ertrunkene Tal

Koversada ist eine Sackgasse. Hier endet die Küstenstraße, und der fast zehn Kilometer tief ins Landesinnere vorstoßende Limski-Kanal zwingt den Reisenden zu einem Umweg nach Osten. Wie ein Fjord schneidet sich diese Bucht in die weißen Karstberge. Tatsächlich ist der schmale, von steilen Hängen eingefasste Meeresarm ein wegen des Anstiegs des Wasserspiegels «ertrunkenes» Tal. Seine Fortsetzung bildet die rund fünfzehn Kilometer lange Schlucht Limska Draga, in deren wildromantischer Karstkulisse die Ruinen der längst verlassenen Stadt Dvigrad zerbröckeln.

An den Aussichtspunkten hoch über der Limski-Bucht haben Frauen kleine Stände aufgebaut und bieten selbst gemachte Obst- und Kräuterschnäpse feil. Drunten blinkt zwischen grünen Wäldern das tiefblaue Wasser. Baden und Wassersport sind allerdings verboten: Der «Fjord» ist Naturschutzgebiet. Hier gehört das Meer allein den Austernzüchtern, und wer ein Faible für diese und andere Meeresköstlichkeiten hat, der kann sie im Restaurant «Limski kanal» direkt am Ufer der Bucht genießen.

Im Bogen um den Meeresarm herum erreicht man Rovinj, die «Perle unter den Küstenstädten Istriens», wie der Ort zu Recht genannt wird. Dicht gedrängt wie die Schuppen eines Panzers, stehen die Häuser der denkmalgeschützten Altstadt auf einem Kalkfelsen im Meer. Diese Lage bot einst Schutz gegen Seeräuber und türkische Einfälle. Doch bereits vor über zweihundert Jahren wurde der schützende Kanal zugeschüttet und die Inselstadt mit dem Festland verbunden. Besonders schöne Blicke auf das verschachtelte Gemäuer genießt man von der Kaimauer nördlich der Altstadt und von jenseits des Bootshafens im Südosten.

Malerisch wie ein Postkartenmotiv spiegeln sich die alten Häuser in seinem ruhigen Wasser. Ein verschlungenes Labyrinth schattig kühler Gassenschluchten führt um die einstige Insel herum und empor zu ihrem höchsten Punkt. Vorbei an Barock- und Renaissancepalästen, an kleinen Galerien, Geschäften und Cafés, unter Torbogen und aufgehängter Wäsche hindurch, über Pflaster und steinerne Stufen erreicht man die der Stadtpatronin Santa Euphemia geweihte Kirche. Ihr schlanker Campanile ragt hoch über die Altstadt empor. Weit reicht der Blick von dort über die roten Dächer mit ihren mediterranen Hohlziegeln – hinun-

Bilder rechts, nächste Doppelseite und Seiten 18, 19

Istrien

• Venezianisches Haus in Vodnjan; Grundmauern des Castrums aus byzantinischer Zeit auf den Brijuni-Inseln

• 132 x 105 Meter misst das riesige, 30 Meter hohe ovale römische Amphitheater von Pula

• Pula: römischer Sergier-Triumphbogen; Augustus-Tempel; im Amphitheater

• Bergstadt Lobin; Fischerstädtchen Lovran

giro d'italia
PULA POLA
Vodnjan - Dignano
Istra-Istria

IX DANI MAKEDONSKE KULTURE U ISTRI
21.-23. 05. 2004.
SIMECKI

KVARNER
GRILL
RESTAURANT
KVARNER

ter zum Hafen, in dem ein Sammelsurium bunter Boote schaukelt, und hinaus zu den Badestränden und den Inseln des Naturparks Goldenes Kap (Zlatni rat), wo man im Schatten hundertjähriger Zypressen, Zedern und Lorbeerbäume am Ufer entlangspazieren kann.

Rovinj ist aber nicht nur die Perle Istriens, sondern auch das touristische Zentrum der Halbinsel. Und während die meisten anderen Küstenstädte außer den gesichtslosen und etwas abblätternden Ferienhotels der Fünfziger- und Sechzigerjahre noch nicht viel zu bieten haben, findet man in Rovinj zwei ganz außergewöhnliche Schmuckstücke. Eines dieser «Schmankerln» ist das vollkommen renovierte Hotel «Angelo d'Oro» in einem Bischofspalais aus dem 16. Jahrhundert.

Es liegt direkt in den Gassen der Altstadt, nur eine Hausbreite vom Meer entfernt, und besitzt einen eigenen Bootszubringer. Antiquitäten, Orientteppiche und Gemälde prägen die Atmosphäre dieses Romantikhotels mit individuell gestalteten Zimmern, Altwiener Kaffeesalon, historischer Bibliothek und einem zauberhaften Garten voll üppiger Pflanzenpracht. Zweites Highlight ist das Paradies-Inselhotel «Katarina», das direkt vor der Altstadt auf seiner eigenen autofreien Insel liegt, die ein exzentrischer Graf vor hundert Jahren in einen subtropischen Park verwandelt hat. Eine wahre Oase der Ruhe und idyllisches Badeparadies zugleich.

Pula heißt die südlichste im Bunde der antiken Städte an Istriens Küste. Um sie zu erreichen, muss man das Meer erneut verlassen und durch das Landesinnere fahren. Durch hügelige Karstlandschaft zieht sich das Sträßchen dahin. Streckenweise im mediterranen Buschwald, dann wieder gesäumt von blühenden Wiesen und Getreidefeldern mit leuchtend rotem Mohn. Skurril verwachsene Olivenbäume mit silbrig-grünem Blattwerk zieren die Landschaft. Pferdefuhrwerke kommen einem entgegen und gelegentlich sogar ein Eselgespann vor einem Holzkarren wie zu Urgroßvaters Zeiten. Dann erreicht man Vodnjan, das mit seinen mittelalterlichen Gassen nicht nur wie eine romantische Filmkulisse aussieht, sondern tatsächlich schon wiederholt als solche gedient hat. Und in der Gruft der Blasiuskirche kann man dort sogar drei leibhaftige Heilige aus dem 12. bis 16. Jahrhundert sehen. Ihre Körper sind dort unten auf rätselhafte Weise ebenso gut erhalten geblieben wie die mittelalterlichen Gebäude über der Erde und die sakralen Kunstwerke und Reliquien in der Schatzkammer der Kirche.

Theater für 25 000 Zuschauer

Noch viel tiefer in die Vergangenheit entführt den Besucher Pula, die größte Stadt Istriens. Unvermittelt steht man vor dem hoch aufragenden Rund eines riesigen römischen Amphitheaters. Ihre Blütezeit genoss die Stadt nämlich schon unter Kaiser Augustus, der hier nicht nur gern zur Sommerfrische weilte, sondern zeitweise sein ganzes Imperium direkt von Pula aus regierte. Das monumentale Oval des mehr als 130 Meter langen Amphitheaters wurde aus gewaltigen Kalkquadern errichtet und war neben dem Kolosseum in Rom eines der größten des Reiches.

25 000 Zuschauer fanden darin Platz, um Schwertkämpfe und Wagenrennen zu erleben. Noch sind die Schächte zu sehen, durch die Raubtiere und Gladiatoren aufeinander losgelassen wurden. Doch heute dient das Theater als Kulisse für weniger blutige Veranstaltungen: Den Sommer hindurch finden hier Theateraufführungen und Konzerte statt.

Lohnend ist auch der Bummel durch die Innenstadt. Überall stößt man auf römische Relikte: den reich verzierten und rund zweitausend Jahre alten Triumphbogen der Sergier-Familie, der den einstigen Stadtrand des römischen Pula markiert, den hervorragend erhaltenen Augustustempel mit korinthischen Säulen, römische Mosaiken wie das

berühmte Dirke-Mosaik, Stadttore und Reste der Befestigungsanlagen. Aber auch die Venezianer haben Sehenswertes hinterlassen, wie etwa den dreischiffigen Dom, das alte Rathaus, in dessen Bau noch Säulen und Außenmauern des ehemaligen Dianatempels integriert sind, und das mächtige Kastell hoch auf dem Hügel im Herzen der Altstadt.

Ein Abstecher führt von Pula entlang der Küste nach Fažana, von wo kleine Schiffe über das türkisblaue Wasser hinaus zur Insel Veli Brijun tuckern. Sie ist die größte des insgesamt vierzehn Inseln umfassenden Brijuni-Archipels. Schon die Römer haben sich auf diesen paradiesischen Eilanden luxuriöse Villen gebaut, und nachdem gegen Ende des 19. Jahrhunderts die Sümpfe trockengelegt und dadurch die Malaria gebannt war, entwickelte sich der Archipel zu einem exklusiven Feriengebiet, in dem sich die europäische Prominenz vergnügte. Bis zum Tod Titos 1980 waren die Inseln für Staatsgäste reserviert und streng bewachtes Sperrgebiet. 1983 wurden sie zum Nationalpark erklärt und im folgenden Jahr teilweise für Touristen geöffnet. Ein Naturparadies mit römischen Ruinen, einem kleinen Safaripark, der die vierbeinigen Staatsgeschenke an Tito beherbergt, und einer üppigen Vegetation, die rund siebenhundert teils seltene und exotische Baum- und Blütenpflanzenarten umfasst.

Ein landschaftliches Schmuckstück – wenngleich etwas anderer Art – ist auch die Südspitze der Halbinsel mit Stränden und Pinienwäldern bei Premantura. Der sechs Kilometer lange südlichste Zipfel wurde als Naturpark Kap Kamenjak unter Schutz gestellt und bietet idyllische Winkel

Bilder links und nächste beiden Seiten
Istrien
• Opatija: «Gruß an das Meer» in Bronze
• Opatija: Hotel Kvarner-Amalia; Villa Angiolina, 1844 erbaut
• Hum, die kleinste Stadt der Welt (20 Einwohner!)

RNER

für Naturfreunde und Erholungssuchende. Schmale, rotbraune Erdwege führen durch Macchia und blühenden Ginster zu stillen Badebuchten und zu den hohen Felsenklippen des Westufers, von denen man einen weiten Blick übers Meer bis hinaus zur Insel Cres genießt.

Istriens Ostküste

Noch stiller wird es an der Ostküste Istriens, die schroff und steil ins Meer abbricht, weshalb sie touristisch kaum erschlossen und im Gegensatz zur Westküste auch nur dünn besiedelt ist. Die Straße folgt nicht mehr der Küste, nur über holperige Stichstraßen erreicht man hier das Meer, aber dafür kann man dann auch einsame Buchten und stille Strände entdecken.

Auf der langen und eher monotonen Strecke nach Nordosten bildet das Städtchen Labin einen Höhepunkt – und das im doppelten Wortsinn: Das aus einer mittelalterlichen Festung hervorgegangene Städtchen thront auf einer Bergkuppe 320 Meter hoch über der Bucht des Bade- und Hafenorts Rabac und besitzt zugleich eine malerische Altstadt mit farbenfrohen venezianischen Fassaden, Toren und Palästen, mit engen Gassen und steilen Treppen.

1921 haben hier unterdrückte Bergleute und Bauern die Republik Labin ausgerufen, die aber nur 36 Tage Bestand hatte, ehe der Aufstand niedergeschlagen wurde. Der Kohlenbergbau brachte zwar etwas Wohlstand, begann aber auch zunehmend, die Stadt zu gefährden: In den Siebzigerjahren war der Hügel schließlich so unterhöhlt, dass die Altstadt einzustürzen drohte. Inzwischen sind die Stollen jedoch so weit gesichert, dass man wieder ohne Bedenken hinaufsteigen und die Aussicht genießen kann.

Weiter nach Norden senkt sich die Hochebene von Labin hinab ins Čepičko Polje, die größte Schwemmlandebene Istriens, die einst ein periodischer Karstsee bedeckte. Dann windet sich die Straße wieder steil empor nach Plomin und bietet zwischen herbgrünen Kiefern fantastische Ausblicke auf das weit drunten liegende, tiefblaue Meer in der Bucht von Plomin.

Geradezu spektakulär wird der Panoramablick am 247 Meter hohen Kap Mašnjak, wo das Hotel «Plomin» in schwindelerregender Höhe wie ein Schwalbennest am Steilabbruch der Felsenecke klebt und über das Wasser hinauszuragen scheint. Hier steigt das mächtige Učka-Massiv aus dem Kvarner Golf empor, das höchste Gebirgsmassiv Istriens, das mit dem Gipfel des Vojak eine Höhe von rund 1400 Metern erreicht. Der Gebirgsstock schirmt wie eine unüberwindliche Mauer die Küste vom Landesinneren ab und verschafft ihr ein geschütztes Klima mit überaus milden Wintern. An seiner Ostflanke entlang schlängelt sich die Straße luftig hoch über dem Meer wie auf einem Aussichtsbalkon.

Weiße Felsen, blaues Wasser und grüne Pinien leuchten in der Sonne. Dann senkt sich die Straße zum Meer hinunter, führt durch die traditionellen Badeorte Mošćenička Draga, Medveja und Lovran, und bald ist Opatija erreicht, die verträumte alte Dame unter den Küstenstädten. Ein subtropischer Palmengarten, geprägt vom mondänen Flair der Jahrhundertwende, als der europäische Adel hier seine Villen und Paläste errichtete und mit Strohhut, Spitzenkleid und Sonnenschirmchen zwischen Akazien, Agaven und Eukalyptusbäumen promenierte.

Der Aufstieg des Fischerdörfchens zum Luxus-Urlaubsort begann bereits im Jahre 1844, als sich der Kaufmann Scarpa aus Rijeka hier seine Villa Angiolina mit prachtvollem Park errichten ließ und rauschende Feste feierte. Wenige Jahre später folgte schon das heutige Hotel «Kvarner». Die Hofgesellschaft des kaiserlichen Wien entdeckte

Bilder rechts
Istrische Weinstädtchen Draguč und Roč

das wohltuende Meeresklima von Opatija, das hohe Berge vor kalten Nordwinden schützen, und errichtete üppige Barockresidenzen und Jugendstilvillen. Rasch avancierte das Fischerdorf zum Sommersitz der «Adriastokratie», und ein ganzer Reigen illustrer Gäste traf sich im «österreichischen Nizza», um dem Alpenwinter zu entfliehen.

Heute sieht man Shorts und Bikinis anstelle von Strohhüten und Sonnenschirmen, und wo einst der Adel promenierte schwitzen Jogger und flitzen bunte Inlineskater. Aber die Prunkvillen stehen noch immer – versunken im Grün von Palmen und Akazien. Neogotische Türmchen und venezianische Prachtfassaden mit abblätterndem Putz ragen aus halb verwilderten Gärten hervor; dazwischen liegen gepflegte Parkanlagen mit subtropisch wuchernder Pflanzenpracht aus Lorbeer und Kamelien, Palmen und Pinien, Bambus und Magnolien. Das macht den Reiz des heutigen Opatija aus – dieses Nebeneinander von gestern und heute, bröckelnder Stuck und der Hauch des versunkenen Fin de Siècle neben bunter Badekleidung und Discotheken. Noch immer ist Opatija einen Besuch wert und zeigt eine ganz andere Seite Istriens.

Das Landesinnere

Bei aller Vielfalt der Küste Istriens sollte man aber auch die malerischen Bergstädtchen im Landesinneren nicht vergessen. Von fast allen Badeorten der Westküste – Umag, Novigrad, Poreč und Rovinj – führen kleine Teerstraßen mitten hinein ins Herz der Halbinsel, in eine ganz andere Welt. Der bunte Touristentrubel bleibt zurück. Karge Weiden und Weinberge prägen die Landschaft, graue Steinmauern, Schafe, Ziegen und Rinder mit lyraförmigen Hörnern. Kleine Steinhäuschen, rund wie Bienenkörbe, leuchten aus dem Grün der Rebflächen. Diese *Kažuni* sind wie die italienischen Trulli ohne jeden Mörtel aufgeschichtet, ihre Bauweise geht bis auf die Steinzeit zurück. Die Mauern und sogar das Dach bestehen ganz aus kunstvoll angeordneten Steinplatten. Seit uralten Zeiten dienen sie als Vorratsspeicher oder Geräteschuppen – und als Liebeslauben für unverheiratete Paare.

Auf den Feldern arbeiten die Bauern wie seit Jahrhunderten mit Hacke und Eselgespann, um Wein anzubauen, Oliven und etwas Getreide. Das ist das ländliche, zeitlose Istrien fernab jeder Hektik. «Und die Zeit blieb stehen, die Uhrzeiger hielten an. Ein Augenblick und eine Ewigkeit. Im Schatten der Jahrhunderte wartet Frieden . . .», steht in einer alten Reisebeschreibung zu lesen. Und genauso kann man das Binnenland teilweise auch heute noch erleben.

Karger Karstboden und rote Lehmerde prägen die Landschaft. Eine Hügelwelt, so löcherig wie Schweizer Käse. Regenwasser hat das Kalkgestein ausgehöhlt und eine bizarre Kraterlandschaft aus Dolinen (Einbruchskrater) und Poljen (Einbruchsbecken) geschaffen. Ganze Flüsse verschwinden hier urplötzlich in unterirdischen Klüften – im wahrsten Wortsinn «vom Erdboden verschluckt» – um irgendwo anders ebenso überraschend wieder ans Tageslicht zu kommen – oder auch nicht: Dann münden sie unter dem Meeresspiegel in die Adria.

Bei Pazin beispielsweise, der alten Verwaltungsstadt im Herzen der Halbinsel: Dort strömt die Fojba in einer über hundert Meter tiefen Schlucht auf eine hohe Felswand zu, an deren Fuß sie spurlos in einem finsteren Schlund verschwindet, um erst dreißig Kilometer weiter im Limski-Kanal wieder emporzustrudeln. Hoch auf diesem unterspülten Felsen erhebt sich das alte

Bilder rechts und nächste Doppelseite

Istrien

• In der Altstadt von Grožnjan

• Drei Ansichten des Weinbergstädtchens Motovun

ULICA-VIA
BORGO

Kastell, eine der am besten erhaltenen Burganlagen Istriens. Heute ist das Ethnografische Museum darin untergebracht.

Von Pazin in Richtung Osten geht es steil hinauf zu dem alten Bergdorf Gračišce, das wie eine vergessene Ruinenstadt in der Mittagshitze döst. Nur einige Katzen streifen durch die menschenleeren Gassen. Aus zerfallenden Mauern sprießen bunte Blumen. Kein Mensch ist zu sehen. Viele Häuser stehen leer und sind nichts als zerbröckelnde Erinnerung an bessere Zeiten. Doch hie und da wurden die alten Steinhäuser auch schon liebevoll restauriert, zeigen sie neues Leben.

Westlich von Pazin zweigt ein schmales Sträßchen ab, das sich steil nach Beram hinaufwindet. Der winzige Flecken ist für seine Fresken berühmt, die man allerdings im Ort selbst vergebens sucht. Sie befinden sich einige Kilometer außerhalb in einer kleinen Waldkapelle. Als kulturelle Kostbarkeit von Weltrang gilt besonders der 1490 von Vincent aus Kastav geschaffene Totentanz über dem Haupteingang. Er hat dieses Kirchlein weltweit bekannt gemacht. Ein langer Menschenreigen tanzt da von der Wiege bis zum geöffneten Grab: Bürger und Bauer, Kaufmann und Kardinal, Kaiser und Königin. Jeder hat seinen Tod zur Seite, der ihn das ganze Leben hindurch begleitet. Keiner kann ihm entrinnen. Er macht sie alle gleich.

Über karstige Heidehügel schlängelt sich das Sträßchen weiter nach Motovun, die wohl bekannteste und am meisten besuchte unter den romantischen Bergstädten Istriens. Parkplätze sind rar auf dem steilen Hügel, so dass man im Sommer sicher gut daran tut, sein Fahrzeug unten im neueren Ortsteil abzustellen und zu Fuß hinaufzusteigen. Es lohnt sich allemal! Die alten Pflastergassen sind ein Erlebnis, der Ausblick ist grandios, und im schattigen Innenhof der Festung findet man eine lauschige Gaststätte.

Jenseits des grünen Mirna-Tals führt ein steiler Schotterweg hinauf nach Grožnjan. Noch in den Sechzigerjahren war das Bergdörfchen nahezu verlassen und dem Zerfall preisgegeben. Dann haben Künstler aus dem ganzen Land die bröckelnden Gemäuer restauriert, mit neuem Leben erfüllt und zu einer Künstlerkolonie gemacht. Ein wahres Schmuckstück mit kleinen Ateliers und Galerien, blumengeschmückten Steinmauern und verborgenen Innenhöfen, in denen man hier und da eine idyllische Gaststätte findet. Kein anderes der Bergdörfer hat so viel Flair.

Über eine ebenfalls schmale und steile, aber wenigstens befestigte Straße erreicht man das Dörfchen von Buje aus, das als die «Wacht von Istrien» auf einem Bergrücken inmitten weitläufiger Weinberge liegt, einen weiten Panoramablick bietet und ebenfalls eine sehenswerte Altstadt besitzt. Hier folgt man zugleich der reizvollen istrischen Weinstraße, die den Reisenden zu kleinen Winzerdörfern und Weinkellern führt, in denen man den seit Römerzeiten hier angebauten Rebensaft verkosten kann.

Weitgehend verlassen ist das zehn Kilometer nördlich von Motovun gelegene Oprtalj mit vielen zerfallenden Bauwerken aus dem 15. Jahrhundert und mehreren für ihre Fresken bekannten Kirchen. Noch tiefer im Landesinneren am Fuß des wilden Ćićarija-Hochlands liegen weitere sehenswerte Bergorte wie etwa Buzet, ein bedeutendes glagolitisches Zentrum, das aber auch für die herrlichen Wandermöglichkeiten in seiner Umgebung bekannt ist.

Wein, Wild und Trüffeln auf dem Tisch

Außerhalb des Ortes liegt inmitten schönster Natur das Gasthaus «Toklarija», das schon vor Jahren als «schönste *Konoba* (Gaststätte) Istriens» prämiert wurde. Zu seiner musterhaften Innenausstattung zählen neben einer alten Ölmühle und einem rustikalen offenen Kamin sogar wertvolle Teile eines zerfallenen Klosters. Serviert

Totentanz (1474) in der Kapelle Maria im Fels bei Beram, Istrien

Hum, Istrien: Tafel in glagolitischer Schrift, dem ältesten slawischen Alphabet

werden exzellent nach traditionellen Rezepten zubereitete Wild- und Trüffelgerichte.

Besondere Kleinode sind die in einer lieblichen Hügellandschaft gelegenen und durch die Glagoliter-Allee verbundenen Örtchen Roč und Hum. Roč bietet nicht nur ein schmuckes Ortsbild und eine romanische Kapelle mit sehenswerten Fresken, sondern ist zugleich bekannt für seine Codices, Messbücher und Breviere in glagolitischer Schrift. Hum gilt mit nur etwa zwanzig Einwohnern und einer gepflasterten «Hauptstraße», so breit wie ein Bürgersteig, als die kleinste Stadt der Welt. Es lohnt sich, durch die krummen Gassen zu bummeln und auf der traumhaften Terrasse der «Humska Konoba» traditionelle istrische Spezialitäten zu kosten.

Beide Bergstädtchen und auch Buzet sind alte Zentren glagolitischer Kultur, deren Basis die glagolitische Schrift (Glagoliza) bildet. Diese Schrift ist neben der Kyrilliza die zweite Form der kirchenslawischen Schrift. Ihre ältere Form, die bulgarische oder runde Glagoliza, wurde bereits ab dem 10. Jahrhundert durch die einfachere Kyrilliza verdrängt, während sich die eckige oder kroatische Glagoliza bis in die Neuzeit erhalten hat.

Nach vorherrschender Meinung wurde diese Schrift um 862 vom griechischen Slawenapostel Kyrillos geschaffen, den der byzantinische Kaiser Michael III. 863 zusammen mit seinem Bruder Methodios nach Dalmatien geschickt hatte, um die römisch-katholische Missionstätigkeit und den Einfluss der Franken durch eine byzantinisch-orthodoxen Gegenoffensive zurückzudrängen. Kyrillos schuf die Glagoliza, um den Slawen und Kroaten, die kein Latein verstanden, religiöse Texte und Predigten verständlich zu machen und sie so für die orthodoxe Kirche und das Byzantinische Reich zu gewinnen. Er entwickelte die in ihrer ursprünglichen Form 38 Buchstaben (von denen jeder auch einem Zahlenwert entspricht) umfassende Schrift auf der Grundlage der griechischen Kleinbuchstaben, die er mit eigenwilligem Formgefühl und Entlehnungen aus orientalischen Alphabeten den phonetischen Besonderheiten des Altslawischen anpasste. Nach Ansicht anderer Gelehrter hingegen soll sich die Glagoliza bereits früher in einem natürlichen Prozess aus orientalischen Alphabeten entwickelt haben und mit keiner anderen Schrift vergleichbar sein.

Eines der ältesten Dokumente in kroatischer Glagoliza ist die Tafel von Baška (um 1100), die auf der Insel Krk gefunden wurde. Das gleiche Alphabet wurde in Kroatien – und sogar an Universitäten anderer europäischer Länder – für die meisten mittelalterlichen Handschriften (ab 1483 auch für Druckschriften) verwendet und bildete die Grundlage für eine kroatische Schriftsprache und Literatur. Das erste gedruckte kroatische Buch, das *Novak-Missale*, wurde 1483 in Roč vorbereitet.

Pazin, Istrien, 130 m über der Fojba-Schlucht

Der Übersetzung des Evangeliums und der Liturgie in glagolitischer Schrift hatte Rom nichts Vergleichbares entgegenzusetzen. Daher verschaffte sie Konstantinopel einen entscheidenden Vorsprung bei der Christianisierung des slawisch-kroatischen Raums. In Kroatien wurde diese Schrift außerdem zu einem Symbol des Widerstandes gegen römische Fremdherrschaft und lateinischen Klerus. Deshalb wurde sie 1060 auf einem Konzil kurzerhand verboten. Mit Unterstützung durch die Franken, die unter Karl dem Großen Dalmatien bis hinunter zur Cetina beherrschten, gelang es dem Vatikan schließlich, in Dalmatien die lateinische Schrift und die römisch-katholische Liturgie durchzusetzen.

Doch im Jahr 1248 wurde die Glagoliza und ihre Verwendung in der Liturgie von Papst Innozenz IV. wieder zugelassen. In einigen Regionen Kroatiens wurde sie sogar ohne Unterbrechung bis ins 20. Jahrhundert verwendet, doch die lateinische Schrift dominierte und ist heute die einzige Schrift in Kroatien.

Kvarner Bucht und ihre Inseln

Dort, wo die hohe und steile Ostflanke des Učka-Gebirges auf den Höhenzug der Kastav-Berge trifft, beginnt mit der Bucht von Rijeka der Kvarner Golf. In diesem Winkel zwischen istrischer Halbinsel und der Festlandsküste liegen die vier großen Kvarner Inseln Cres, Lošinj, Krk und Rab nebst einer Vielfalt kleinerer Eilande, und an der Küste findet man neben den kahlen Felshängen des Velebit-Gebirges auch das fruchtbare Vinodol (Weintal) und die klassische Badeküste der Riviera von Vinodol.

Die zu beiden Seiten des 45. Breitengrads gelegene Kvarner Inselwelt präsentiert dem Besucher von der Landseite her zunächst ihre schroffe und abweisende Karstseite. Wer jedoch den Schritt über das blaue Wasser wagt, dem enthüllt sich auf der geschützten Seeseite ein subtropisches Paradies aus Pinienwäldern und Palmenbuchten mit Badebuchten und kristallklarem Wasser. Quaternarius nannten die alten Römer diese Gegend, was manche mit «die vier Himmelsrichtungen» übersetzen. Aber vielleicht ist damit die Vierzahl der großen Inseln gemeint, aus denen sich der Archipel zusammensetzt – oder die vier Winde (Bora, Jugo, Maestral und Puenat), die das Antlitz dieser Eilande geprägt haben und das Leben auf ihnen bis heute bestimmen.

Der gefürchteste von ihnen ist die Bora. Mit Böen, die Spitzengeschwindigkeiten von gegen zweihundert Stundenkilometern erreichen, stürzt sie aus heiterem Himmel von den Bergen herunter, peitscht über den kahlen Fels und hat auch schon Autos von der Küstenstraße ins Meer gefegt. Ungestüm rüttelt sie an allem, was sich ihr in den Weg stellt, peitscht das Meer zu hohen Wellen und fegt die ungeschützten Inselrücken kahl.

Wenngleich die Hauptattraktionen der Region Kvarner auf den Inseln liegen, so hat doch auch die Küste einige sehenswerte Städte und beliebte Badestrände zu bieten. Ihr wirtschaftliches und kulturelles Zentrum ist Rijeka, die größte Hafenstadt Kroatiens. Viele Namen hat diese Metropole getragen, unter vielen Herren hat sie gedient: Tarsaticum hieß sie unter den Römern, die hier am Liburnischen Limes eine Festung bauten, St. Veit nannte man sie unter den Habsburgern und Fiume während ihrer italienischen Zeit. Die Kroaten haben diesen Namen einfach in ihre Sprache übersetzt. Rijeka oder Fiume – beides bedeutet Fluss.

Großstadt und Hafenmetropole Rijeka

Für den Besucher, der aus den kleinen Fischerstädtchen und Bergdörfern kommt, wird Rijeka zum Schock. Eine lärmende, wimmelnde Großstadt, in der selbst Bürgersteige und Verkehrsinseln hoffnungslos zugeparkt sind. Wer entgegen aller Wahrscheinlichkeit doch einen Parkplatz ergattert, der lässt die verkehrsreiche Hafenstraße Riva rasch hinter sich und bummelt durch die parallel dazu verlaufende Hauptgeschäftsstraße Korzo, die für Autos gesperrt ist. Prunkvolle klassizistische Bauten und Jugendstilfassaden künden vom Reichtum der Hafenstadt. Tische und Stühle entlang der Fußgängerzone laden dazu ein, bei einem Espresso auszuruhen und dem bunten Gewimmel zuzusehen.

Etwa auf halber Länge des Korzo erhebt sich der Uhrturm mit dem habsburgischen Doppel-

Bilder nächste Doppelseite

Rijeka in der Kvarner Bucht: Palais Modello und Kunst über dem Mrtvi-Kanal. Rijekas deutscher Name war früher Sankt Veit am Flaum, in Italienisch Fiume

adler, unter dem ein Torbogen in die Altstadt führt: zum Alten Rathaus aus dem 16. Jahrhundert, zum Mariendom und zu den Museen im ehemaligen Gouverneurspalast. Blickt man von einer der bergauf führenden Querstraßen zurück in Richtung Hafen, so wird man zwischen den Prachtfassaden hindurch vielleicht ein riesiges Hochseeschiff vorüberziehen sehen, als wolle es direkt in der Fußgängerzone anlegen.

Vom Stadtteil Sušak, östlich der Rječina-Brücke, führt ein alter Pilgerweg über mehr als 560 Stufen auf den Berg Trsat mit der gleichnamigen Festung der Frankopanen (im 13. und 14. Jahrhundert eine der mächtigsten Adelsfamilien in Kroatien) und der Wallfahrtskirche Sveta Marija hinauf. Dort oben kann man Lärm und Hektik hinter sich lassen und genießt den Blick über die Dächer der Hafenstadt.

Nur 18 Kilometer nordwestlich von Rijeka und doch fernab von Großstadtlärm und Küstentrubel erstreckt sich der bei Touristen wenig bekannte Risnjak-Nationalpark: ein wildes Berggebiet mit Urwäldern, durch die noch Hirsche, Wildschweine und Braunbären streifen, während in den alpinen Regionen die Gämsen klettern. Der 64 Quadratkilometer große Nationalpark zieht sich von 300 bis auf 1528 Meter Höhe und ist ein Paradies für Wanderer, Wintersportler, Angler und Jäger. Er wurde 1953 eingerichtet und 1997 bis zum Berg Snježnik und zur Krupa-Quelle erweitert. Hier findet man eine Vielfalt verschiedener Waldgemeinschaften sowie subalpine und alpine Flora, fischreiche Bäche und Seen und zahlreiche Karstphänomene. Vom Gipfel des Veli Risnjak reicht der Blick nach Süden bis ans Meer und nach Norden bis zu den Alpen.

Weniger erfreulich ist die weitere Fahrt entlang der Küste nach Süden. Hässliche Wohnsilos endloser Vorstädte, dröhnender Schwerlastverkehr der überlasteten Adria-Magistrale und düstere Werftanlagen säumen die Strecke. Und direkt am Meer lodern die abgefackelten Gase einer gigantischen Erdölraffinerie in den Himmel. Dazwischen eingeschlossen in einer Bucht – die ohne all diese Zutaten der Neuzeit durchaus malerisch wäre – liegt das Städtchen Bakar mit seiner alten Frankopanen-Burg wie ein vergessenes Relikt aus einer anderen Zeit.

Die Riviera von Vinodol

Die wirkliche Ferien- und Badeküste beginnt erst wieder, wenn man die Abzweigung zur Insel Krk passiert hat. Nun fährt man entlang der Riviera von Vinodol. Hinter dem bewaldeten Bergrücken erstreckt sich 3 Kilometer breit und 25 Kilometer lang das fruchtbare «Weintal», dem die Region ihren Namen verdankt. Schon die Römer legten dort Rebgärten an, später kam der Obstbau hinzu, aber in neuerer Zeit hat der Fremdenverkehr alle Aufmerksamkeit auf die Küste konzentriert.

Das tiefblaue Meer liegt hier im Schutz der großen Insel Krk und zeigt sich daher meist ruhig wie ein Mühlteich. Mittelpunkt und ältestes Zentrum der Ferienregion ist das Städtchen Crikvenica. Einst war es nur der unbedeutende Hafen der im Hinterland gelegenen Stadt Grizane. Dann hatte es das Glück, dass sich im fernen Wien Kaiser Franz Josef mit seinem Bruder, dem Erzherzog Josef, verkrachte. Man mag sich wundern, was das mit einem kroatischen Fischerdorf zu tun haben soll. Aber das hat es!

Der Zwist ging nämlich so weit, dass der Erzherzog nicht einmal mehr die Sommerfrische in Opatija mit seinem kaiserlichen Bruder teilen wollte und daher kurzerhand beschloss, seinen eigenen Kurort zu gründen. Die Wahl fiel auf das

Bilder rechts und nächste Doppelseite

• Rijeka: Die Kaiser Leopold I. und Karl VI. über dem Stadttor; Volkstheater

• Die neogotische Kapuzinerkirche in Rijeka

HRVATSKO NARODNO KAZALIŠTE IVANA pl ZAJCA

Küstendörfchen Crikvenica. Mit beträchtlichen Mitteln ließ er es zu einem Heilbad ausbauen: Bereits 1888 gab es das erste öffentliche Strandbad mit sechs Holzkabinen, 1891 wurde das Hotel «Erzherzogin Clothilde» eröffnet (benannt nach des Kaisers Gemahlin) und 1895 das prunkvolle Kurhotel «Erzherzog Josef», das bis heute unter dem Namen «Therapia Palace» fortbesteht. Grizane und das fruchtbare Vinodol sind längst bedeutungslos geworden – Crikvenica hingegen ist der Brennpunkt einer Ferienregion, die inzwischen schon ihr Hundert-Jahr-Jubiläum als Kurort gefeiert hat.

Der zweite alte und bedeutende Kur- und Badeort dieser Küste ist Novi Vinodolski, dessen schlanker, weißer Schlossturm weit über Land und Meer hinausleuchtet. Im Mittelalter war es Sitz der Frankopanen von der Insel Krk, die von hier aus ihr Fürstentum Vinodolski beherrschten. In diesem Schloss haben sich 1288 die Vertreter aller neun befestigten Städte des Fürstentums versammelt, um das damals geltende Recht zu reformieren und in einem gemeinsamen Kodex zusammenzufassen: dem «Gesetz von Vinodol» (*Vinodolski Zakonik*), das auf 17 Seiten in glagolitischer Schrift niedergeschrieben wurde und als ältestes kroatisches Gesetzeswerk ein bedeutendes Kulturdokument darstellt.

Karstküste und die Uskoken-Festung von Senj

Jenseits von Novi, wie der Badeort meist kurz genannt wird, ist bald das Ende des Vinodol erreicht. Jetzt rückt die hohe Karstwand des Velebit an die Küste heran. An ihrem steilen Fuß ist kaum mehr Platz für Badestrände und Campingplätze. Die Adria-Magistrale windet sich durch weiße Felsen über blauem Meer. Dann schwenkt sie um einen felsigen Vorsprung herum – und plötzlich blickt man auf Senj, die uralte Uskoken-Stadt, hinter der die Berge jäh emporsteigen. Uskoken? Der Name bedeutet «Flüchtlinge» und bezeichnet die Serben und Kroaten, die Anfang des 16. Jahrhunderts dem Druck der bis nach Dalmatien vorrückenden Osmanen wichen und sich in Senj niederließen. Hier im Grenzgebiet des habsburgischen Reiches errichteten sie ihr trutziges Widerstandsnest: die eckig-abweisende Festung Nehaj («Fürchte nichts»).

Von hier aus führten sie ihren höchst eigenwilligen Krieg zur Verteidigung des Abendlandes. Als ein kleiner Haufen von weniger als tausend unerschrockenen Gesellen verteidigten sie sich siebzig Jahre lang gegen alle fremden Mächte. Selbst haushoch überlegene Gegner lernten die Kampfkraft der Uskoken fürchten, die bis heute als leuchtendes Symbol des Widerstands gilt. Da sie jedoch in Seeräubermanier nicht nur feindliche Türkenschiffe ausplünderten, sondern die venezianischen Händler genauso wenig schonten und selbst päpstliche Schiffe angriffen, war es 1617 mit der Uskoken-Herrlichkeit vorbei: Nach einer Niederlage gegen die Venezianer musste sich das Haus Habsburg dazu verpflichten, die renitenten Streiter zwangsweise ins Landesinnere umzusiedeln. Ihre Burg Nehaj blieb erhalten. Als Verkörperung des uskokischen Widerstandsgeistes thront dieser wuchtige Würfel aus behauenen Steinquadern bis heute auf einem grünen Hügel sechzig Meter über der Stadt.

Senj selbst ist kein Touristenort und hat daher viel vom Charakter einer alten Küstenstadt bewahrt. Verschlafene Gässchen, blätternder Putz und zerbröckelnde Festungsanlagen verleihen der Stadt einen eigenen Charme und lassen sie authentischer und ursprünglicher wirken als die herausgeputzten Ferienzentren. Die Stadt liegt bereits außerhalb der Region Kvarner. Von hier bis hinun-

Bilder rechts
Blick aufs Velebit-Gebirge;
Jablanac am Fuß des Gebirges

ter zum Nationalpark Paklenica hat die Küste dem Tourismus kaum etwas zu bieten – nur steiles, karges Felsenland mit kleinen, von Steinmauern eingefassten Gärtchen und Miniaturfelder, die wie grüne Oasen in der Steinwüste liegen. Kein Badestrand, kein Campingplatz und kaum ein Hotel. So kann man hier getrost die Küste verlassen, um auf die vorgelagerten Inseln Rab und Pag auszuweichen oder um über den reizvollen Vratnik-Pass einen Abstecher landeinwärts zu den Plitwitzer Seen zu unternehmen.

Naturpark Velebit

Der 150 Kilometer lange Felsenriegel, der mit kahlen weißen Karstwänden direkt aus den Fluten der Adria emporsteigt, ist nicht nur eine abweisende Barriere, sondern zugleich eine wilde und attraktive Naturlandschaft mit reichhaltiger Flora und Fauna. Die als Kulisse aus vielen Karl-May-Filmen bekannte Bergwildnis wurde im Jahr 1978 zum Unesco-Biosphärenreservat erklärt, 1981 zum Naturpark Velebit, und man plant sogar, die gesamte Gipfelzone als Nationalpark auszuweisen.

Während die dem Meer zugewandte Seite des Gebirges ein abweisend zerklüftetes und von bizarren Steilfelsen geprägtes Gesicht zeigt, ist seine Landseite zur Lika-Hochebene hin von ursprünglichen Buchenwäldern bedeckt. Tropfsteinhöhlen wie die Lukina Jama, die Lokvara-Höhle bei Delnice und die Höhlen von Cerovac bei Gradač durchlöchern den Fels wie einen Schweizer Käse; abenteuerliche Schluchten wie die Teufelsklamm (Vražji prolaz) bei Skrad, der Kamačnik-Canyon bei Vrbovsko und die Kupa-Schlucht schneiden tief in die schroffen Wände ein; klare, fischreiche Karstflüsse wie die Gacka bei Otočac strömen daraus hervor, und Berghütten, Wanderpfade und Skigebiete erschießen das Gebirge für Naturfreunde.

Mitten im Biosphärenreservat Velebit liegen die Schutzgebiete Rožanski kukovi und Hajdučki kukovi (*kukovi* = Felsköpfe). Beide zusammen umfassen eine Fläche von zwanzig Quadratkilometern und eine Vielfalt einzigartiger Karstphänomene: wilde Klippen, scharfe Grate, bizarre Felsskulpturen, mächtige Steinkolosse, Tropfsteinhöhlen, Schluchten und fast bodenlos tiefe Abgründe. Der schönste Wanderpfad der Region ist der fünfzig Kilometer lange Premužić-Pfad, der in den Dreißigerjahren angelegt wurde.

Er erschließt die wildesten und bis dahin unzugänglichsten Regionen des Gebirges. Beginnend bei der Zavižan-Berghütte (in 1594 Meter Höhe am Hang Veliki Zavižan), führt er ohne größere Steigungen entlang einer Reihe spektakulärer Aussichtspunkte und mitten durch die faszinierende Karstwelt des Schutzgebietes Rožanski kukovi. Südlich des Veliki-Alan-Passes setzt er sich fort bis Baške Oštarije an der Passstraße von Karlobag nach Gospič.

Im Schutzgebiet Hajdučki kukovi, das bis heute fast unzugänglich ist, wurde 1994 die Lukina Jama entdeckt, der tiefste senkrechte Höhlenschlund Kroatiens und einer der tiefsten der Welt. Von seinem Eingang in 1436 Meter Höhe reicht er 1392 Meter tief hinunter – fast bis auf Meereshöhe! Das Schutzgebiet ist von dichten Bergwäldern aus Buchen, Fichten und Kiefern und von grüner Wacholderheide bedeckt und reich an seltenen Tier- und Pflanzenarten.

An der Südflanke des Veliki Zavižan (zu Fuß etwa 15 Minuten von der Hütte entfernt) erstreckt sich ein Paradies für Pflanzenfreunde: der rund dreißig Hektar große Botanische Garten Velebit (Velebitski Botanički vrt), in dem eine große Auswahl der über 2600 Arten umfassenden Velebit-Flora heimisch ist: verschiedene Waldgemein-

Bilder rechts und nächste Doppelseite
16 Seen und Urwald mit Bär, Luchs und Wolf: Nationalpark Plitwitzer Seen

schaften (Bergkiefern, Fichten, Rotbuchen), Bergwiesen und Geröllhalden mit seltenen Alpenblumen wie Edelweiß, Alpenrose und Enzian sowie vielerlei Heilpflanzen. Ein gekennzeichneter Rundweg (rund zwei bis drei Stunden) erschließt die verschiedenen Biotope, und kleine Täfelchen helfen, die Pflanzen zu identifizieren.

Wasserwunderwelt Plitvice-Nationalpark (Nationalpark Plitwitzer Seen)

Von Senj lohnt sich ein Abstecher landeinwärts, über den Velebit hinweg, um die Naturwunder von Plitvice zu entdecken. Vom Wasser abgelagerter Kalk hat hier Barrieren und Terrassen gebaut und ein spektakuläres Naturschauspiel aus Seen und Wasserfällen geschaffen, das seit 1949 Nationalpark geschützt wird und 1979 sogar ins Unesco-Verzeichnis des Weltnaturerbes aufgenommen wurde. Auf einer Strecke von nur sieben Kilometern reihen sich hier sechzehn Seen mit kristallklarem und faszinierend blaugrünem Wasser aneinander wie Perlen einer Kette. Dazwischen rauschen zahllose Wasserfälle und Kaskaden über bizarre Kalkwände.

Durch das Labyrinth der oberen Seen führt ein verzweigtes Netz von Pfaden, Holzbrücken und Bohlenstegen. Sie erschließen eine amphibische Welt aus Wald und Wasser. Triefende Moose, glucksende Bächlein und rauschende Wasserfälle säumen den Pfad. Überall tropft, gluckst, rieselt, rinnt und plätschert es. In den glasklaren Becken stehen reglos die Fische, Frösche quaken, und Salamander leuchten aus dem feuchten Moos. Auf dem Grund der türkisgrünen Seen sind versteinerte Pflanzen und Baumstämme zu sehen. Verkrüppelte Eiben, Sumache und Bergahorne klammern sich zwischen weißen Felsen an den steilen Hang.

Wie ist diese Wunderwelt entstanden, fragt man sich. Der Schlüssel dazu liegt in einer Besonderheit der harten Kalkfelsen dieser Berge: sie sind zwar hart wie Granit, werden vom Wasser aber aufgelöst wie Zucker im Kaffee. Weit langsamer natürlich, aber doch dergestalt, dass Regen und Sickerwasser im Lauf der Jahrtausende eine Vielfalt fantastischer Formen herausgewaschen haben. An der Oberfläche abfließendes Wasser löst aus den massiven Kalkplatten zunächst ein filigranes Muster feiner Rinnen und Kanäle heraus. Dazwischen bleiben messerscharfe Grate stehen, die selbst robuste Wanderstiefel zerschneiden können. Tausend Jahre dauert es, um die Rillen nur um etwa einen bis zwei Zentimeter zu vertiefen. Aber die Schöpfung hat viel Zeit.

Karsthöhlenlabyrinth

Durch zahllose Ritzen versickert das Wasser rasch, und unter der Erde setzt sich der gleiche Prozess fort. Dort löst das Wasser das Kalkgebirge im Lauf der Zeit von innen her auf wie einen riesengroßen Zuckerblock. Risse und Spalten werden zu Gängen und Hallen erweitert, unterirdische Wasserläufe waschen die Hohlräume zusätzlich aus, so dass ein Labyrinth von Karsthöhlen entsteht. Vierzehn solche Höhlen sind allein in den steilen Wänden der unteren Schlucht entdeckt worden. Einst waren es viel mehr, und das Wasser der oberen Seen ist durch sie abgeflossen. Aber irgendwann vor Tausenden von Jahren ist der größte Teil des Höhlensystems eingestürzt und hat diese imposante Schlucht geschaffen.

Viele Wasserläufe hier im Karstgebirge fließen unterirdisch. Sie werden irgendwo von einer Felswand verschluckt und brechen nach rätselhaf-

Bilder rechts und nächste Doppelseite
Insel Cres in der Kvarner Bucht
• Altstadttor in Cres
• Fischerstädtchen Valun und seine Bilderbuchbucht;
Haus in Osor; Bergdorf Lubenice

ten Wegen plötzlich wieder ans Tageslicht. Nicht als kleine Plätscherquellen, sondern als ausgewachsene Flüsse mit einer Wassermenge von Tausenden oder Zehntausenden von Litern pro Sekunde. Und dieses Wasser ist gesättigt mit Kalk, den es aus den Bergen herausgelöst hat. Jetzt, von der Sonne erwärmt, kann es aber den Kalk nicht mehr halten. Er fällt aus und setzt sich an den Wasserpflanzen ab. Schicht um Schicht werden die Pflanzen in Stein eingehüllt. Und wenn sie schließlich absterben und zerfallen, bleibt die hohle Kalkhülle zurück.

Sie wächst mit anderen Kalkhüllen zusammen und bildet den porösen Kalktuff, der auch Travertin genannt wird. Wie um einen Kristallisationskern herum wächst der Stein weiter und weiter, so dass er bald Wände und Barrieren bildet. Während Wasserläufe überall sonst auf der Welt Hindernisse abtragen, lassen sie hier im Karst ständig neue in die Höhe wachsen. Sie bauen bizarre Tuffterrassen quer durch das Flussbett: teils eine Fülle kleiner Becken, teils Staumauern, welche die ganze Kette der sechzehn stufenartigen Seen aufgestaut haben. Ein malerisches Gefüge von Naturdämmen, Bassins und Katarakten, die das Tal in eins der großartigsten Naturschauspiele unseres Planeten verwandelt haben.

Auch heute noch baut das Wasser unablässig weiter, zwei bis drei Zentimeter pro Jahr wachsen die Terrassen. Der Spiegel der Seen steigt, und das Wasser sucht sich einen neuen Weg und baut dann weitere Stufen und Kaskaden. Eine Landschaft im ständigen Wandel. Auch die intensive Grün- und Blaufärbung ist dem Gehalt an Kalk zu verdanken, der im Wasser gelöst ist und das Himmelslicht auf solch faszinierende Weise reflektiert.

Wie der Rücken eines urzeitlichen Meeresungeheuers steigt der schroffe Sattel der langgestreckten Insel Cres aus den blauen Fluten der Adria empor. Steinig, kahl und karg. Sie ist die Heimat mächtiger Gänsegeier, genügsamer Schafe und knorriger Olivenbäume. In zahlreichen Kurven schraubt sich das schmale Inselsträßchen zum über 600 Meter hohen Rückgrat des versteinerten Lindwurms empor – mitten durch eine Karstlandschaft aus scharfkantig zerfrästen Kalkschroffen, spärlichen Grasinseln und einem endlosen Gewirr von Trockenmauern, die im Laufe vieler Generationen aufgeschichtet wurden. In Spalten und Ritzen blühen bunte Blumen, halbwilde Schafe mit gewundenen Hörnern rupfen das spärliche Grün.

Cres – Insel der Schafe und Geier

Doch trotz seiner Kargheit ist Cres aber nicht monoton, sondern überrascht durch vielfältige Landschaften und Eindrücke: schattige Kiefernwälder an der Nordostküste, labyrinthartige Gassenschluchten und ein malerischer Hafen im Städtchen Cres, würzig duftende Macchia an den Sonnenhängen, steppenartige Hochebenen im Landesinneren, blaue Meere aus blühendem Salbei am Sträßchen nach Punta Križa, unterbrochen vom leuchtenden Weiß der Steine und dem kräftigen Gelb der Ginsterblüten.

Und plötzlich ein überraschender Anblick im trockenen Karstland: Zwischen bewaldeten Hängen schimmert blau der fast sechs Kilometer lange Vraner See herauf. Ein rätselhafter Süßwassersee mit erstaunlich konstantem Wasserstand. Sein 75 Meter tiefer Grund liegt noch 62 Meter unterhalb des Meeresspiegels, und man sagt, dass er unterirdisch – oder eigentlich «untermeerisch» – mit dem Grundwasser des Festlands verbunden sei. Er ist das Trinkwasserreservoir der sonst wasserar-

Bilder rechts und nächste Doppelseite
Insel Lošinj in der Kvarner Bucht
• Tag und Nacht in Veli Lošinj
• Mali Lošinj: Gassenromantik; Blick vom Meer auf Hafen und Stadt

BAR SATURN
PANSION SATURN
BAR SATURN
TURIST
ML 957

ML-267

Großer Tümmler nahe Lošinj

Hafen von Krk auf Krk

men Insel und daher für Badegäste und Wassersportler gesperrt.

Ein Abstecher von der Inselstraße Cres–Osor führt zum kleinen Fischerort Valun, das durch die Fernsehserie *Der Sonne entgegen* bekannt geworden ist – und durch die «Tafel von Valun», eine bedeutende glagolitische Schrifttafel, die hier gefunden wurde. Die kurvige Straße windet sich an der Steilküste hoch über dem Meer entlang. Tief drunten liegt das Filmstädtchen in einer malerischen Bucht. Das letzte steile Stück vom Parkplatz geht man besser zu Fuß. Der winzige Ort ist für Autos gesperrt – und einen Parkplatz würde man ohnehin nirgends finden. Von der schattigen Terrasse der Konoba «Toš Juna» (einst eine alte Ölmühle) kann man bei Bier oder Espresso den Fischern zusehen, oder man kann sich in eine der umliegenden Buchten verkrümeln, um sich nahtlos zu bräunen und zu baden.

Nahe dem südlichen Ende der Insel Cres liegt Osor am Übergang zur Insel Lošinj. Mit knapp hundert Einwohnern ist es heute ein stilles und beschauliches Städtchen, dessen gepflasterte Gassen von zahlreichen Skulpturen und blühendem Oleander gesäumt sind. Einst war es neben Krk und Rab die bedeutendste Stadt des gesamten Kvarner Archipels, Verwaltungsmetropole, Handelszentrum und Bischofssitz zugleich. Schon zur Römerzeit lag an dieser Landenge eine Großstadt mit über 15 000 Einwohnern. Und noch vor ihnen unterhielt der illyrische Stamm der Liburner hier eine befestigte Handelsstation an der Bernsteinstraße, die vom Baltikum bis hinunter nach Kreta reichte.

Welches der beiden Völker den Kanal von Osor gegraben hat, ist heute nicht mehr ganz klar. Aber damals sind aus einer Insel zwei geworden: Cres und Lošinj – und das ist bis heute so geblieben. Nur dass jetzt eine Drehbrücke die Inseln wieder verbindet und stündlich geöffnet wird, um Schiffe passieren zu lassen.

Lošinj – Paradies mit Palmen und Pinien

Vor den kalten Bora-Stürmen geschützt, ist Lošinj milder und grüner als die herbe Nachbarinsel. Bedeckt von Pinienwäldern und Palmenparks mit blühenden Agaven, Oleanderbüschen und Orangenbäumen. Ein üppiges Inselparadies voller Blumendüfte und milder Meeresluft. Die Straße zur größten Stadt der Insel führt direkt am glitzernden Wasser der Mali-Lošinj-Bucht entlang. Landzungen und vorgelagerte Inseln umschließen die traumhafte Wasserfläche wie ein riesiges Hafenbecken.

Im milden Abendlicht fühlt man sich hier buchstäblich in ein exotisches Paradies versetzt. Würziger Harzduft erfüllt die Luft. Das herbe Grün der Pinien und das rote Feuer der untergehenden Sonne spiegeln sich auf dem Blau des Wassers. Weiße Jachten und bunte Fischerboote liegen am Ufer. Und auf den Inseln jenseits der Bucht heben sich die Föhren als schwarze Silhouetten vom glühend roten Himmel ab.

An einer romantischen Felsenbucht auf der Čikat-Halbinsel finden Urlauber idyllisch im hundertjährigen Pinienwald gelegene Hotels und Camper ihren Stellplatz direkt am türkisblauen Meer. Sacht plätschern die Wellen ans Ufer, im Pinienwald singen die Nachtigallen. Wie ein schläfriges Riesentier liegt draußen im Meer die eigentümliche Lössinsel Susak, und dahinter versinkt blutrot die Sonne in den zitternden Fluten.

Im südöstlichen Zipfel der Bucht erreicht man schließlich Mali Lošinj. Mit 6700 Einwohnern ist es die größte Stadt der Insel, obwohl der Name eigentlich das «kleinere Lošinj» bedeutet. Doch die Seeschifffahrt hat «Klein»-Lošinj groß und reich werden lassen, so dass es jetzt mehr als sechsmal so viele Einwohner zählt wie das benachbarte Veli (oder «Große») Lošinj. Zwischen bunten Häusern schlängeln sich enge Gassen an den Hängen der Bucht empor. Wein und Bougainvilleen umranken die Fassaden der alten Kapitänsvillen, und die roten Dächer werden vom weißen Turm der Marienkirche überragt. Unten am Hafenbecken erstreckt sich ein großer Platz, gesäumt von Palmen und Straßencafés, in denen sonnengebräunte Fischer und Skipper sitzen.

Noch zauberhafter präsentiert sich das alte Veli Lošinj, das in der hereinbrechenden Abenddämmerung eine so exotisch-verschlafene Atmosphäre verströmt, dass man sich buchstäblich in eine irreale Traumwelt entrückt fühlt. Hier findet man mediterrane Romantik par excellence! Im Labyrinth der oft kaum meterbreiten Gassen spiegelt sich das Mondlicht auf den glatt polierten Pflasterplatten, Palmen stehen als schwarze Silhouetten vor dem samtenen Nachthimmel, exotische Blüten duften betörend, und das Gewinkel der von Steinmauern eingefassten Fußwege wirkt so geheimnisvoll wie ein Palastgarten aus Tausendundeiner Nacht.

Die südliche Verlängerung von Lošinj bilden die Blumeninsel Ilovik und das nur durch einen schmalen Kanal davon getrennte Inselchen Sveti Petar, auf dem sich ein altes und fast verlassenes

Bilder nächste beiden Doppelseiten
Insel Krk in der Kvarner Bucht
• Vrbnik thront auf einem 50 Meter hohen Felsen
• Kirchlein St. Luzia im Weindorf Jurandvor;
Bucht von Baška und die gleichnamige Stadt

Benediktinerkloster befindet. Beide Inseln sind von Macchia und teils verwilderten Olivenhainen bedeckt. Der Hauptort von Ilovik ist für seine üppige mediterrane Blumenpracht berühmt. Fußpfade führen zu schönen Badebuchten, darunter sogar Sandstrände wie in der Vela-Draga-Bucht im Nordwesten und der Paržine-Bucht im Südosten, die gern von Bootfahrern angesteuert wird. Im Sommer fahren Personenschiffe und Ausflugsboote von Mali Lošinj nach Ilovik; nach Sveti Petar gibt es keine Verbindungen.

Die eigentümliche Lössinsel Susak vor der Küste der Čikat-Halbinsel ist die einzige Sandinsel Kroatiens. Entstanden ist sie zu einer Zeit, als die heutige Adria noch trockenes Land war und der Wind hier so gewaltige Sandmassen ablagerte, dass sie bis heute fast hundert Meter hoch aus den Fluten emporragen. Bekannt ist die schilfgesäumte Insel auch für ihre eigenen Gebräuche, die sich aufgrund ihrer isolierten Lage entwickelt und erhalten haben – für ihre Trachten mit farbenprächtigen Miniröcken etwa –, für ihren eigentümlichen Dialekt und für ihren hervorragenden Wein. Im Sommer fahren Personenfähren von Mali Lošinj hinüber, doch vor allem kommen Segler und Seglerinnen, um die Ruhe der Sandstrände zu genießen.

Zungenbrecher Krk: Vrbnik, Pršut und Žlahtina

Die mit 410 Quadratkilometern größte Adria-Insel liegt dem Festland so nahe, dass man sie sogar mit dem Auto erreichen kann: über eine 1,3 Kilometer lange, mautpflichtige Brücke, die als längste Betonbogenbrücke der Welt gilt. Es gibt aber auch Fährverbindungen von Senj nach Baška und von Merag auf Cres nach Valbiska.

Wer über die Brücke kommt, den empfängt Krk genau so, wie der Name klingt: karg, kahl und karstig, felsig, schroff und rau. Eisige Böen der Bora haben sie blank gefegt, die Wellen des Meeres haben ihre Küste nacktgewaschen, und die Felsen sind vom Salz zerfressen und ausgebleicht wie ein altes Skelett. Doch Krk hat viele Gesichter, und hinter seiner harten Kruste verbirgt sich – genau wie bei einer Auster – überraschende Schönheit und Kostbarkeit: belebte Badestrände und stille Buchten, schmucke Altstädte, Wälder und Schluchten, fruchtbare Täler, Weinberge, Marinas und hervorragende Restaurants.

Genau gleich wie die Insel heißt auch ihre größte und wichtigste Stadt. Dabei trug sie zu römischer Zeit noch den stolzen Namen Splendissima Civitas Curictarum. In zweitausend Jahren hat der Zahn der Zeit den Namen bis auf drei dürre Konsonanten abgenagt. Dafür hat er im historischen Städtchen selbst vieles verschont: Stadttore und Wachtürme, das wuchtige Bollwerk des Kastells, dessen dicke Mauern auf meerumspülten Felsen gründen, und die imposante Basilika mit ihrem hübschen Zwiebelturm, der weit übers Meer hinaus die Segler grüßt.

Östlich der Stadt stößt eine Landspitze weit ins blaue Wasser vor und umschließt eine geschützte Bucht wie einen natürlichen Hafen. Mitten im stillen Wasser liegt das Klosterinselchen Košljun mit einem prächtigen Steineichenwald. Vom Ferienort Punat fahren kleine Barken hinüber zur Besichtigung. Angenehm kühl empfängt der romanische Kreuzgang die Besucher, und ein Franziskanerbruder führt sie durch das Klostermuseum, das mit seinen reichen Schätzen zu den bedeutendsten Kulturmuseen ganz Kroatiens zählt: Pergamente aus dem 14. Jahrhundert, eine fast tausend Jahre alte hebräische Bibel, ein ptolemäischer Atlas, sakrale, ethnografische, archäologische und numismatische Kostbarkeiten.

Eine andere Kostbarkeit entdeckt man am Nordende der Bucht. Unscheinbar wie ein überwucherter Steinhaufen wächst dort am Rand des Wegs nach Punat eine pilzförmige Steinkuppel zwischen den Sträuchern hervor. Bei näherem

Felsenhöhle bei Vrbnik auf Krk

Hinsehen erkennt man ein schlichtes Tonnengewölbe, das quer durch die archaische Kuppel zu ragen scheint. Sveti Dunat nennt sich das Kuriosum aus Kalkgestein: ein kleines Kirchlein aus altkroatischer Zeit, das wie ein zur Kugel eingerollter Steinigel fast zwölf Jahrhunderte überdauert hat.

Quer durch die Insel gelangt man hinüber zur schroffen Nordostküste, wo auf einem felsigen Hügel das Städtchen Vrbnik trutzig aus dem Meeresblau aufragt – eine 900 Jahre alte Klippenfestung der Frankopanen-Fürsten und eine Hochburg glagolitischer Kultur. Vrbnik auf Krk – Vokale sind hier so rar, als hätte man sie allesamt nach Italien exportiert. Umso zahlreicher sind die sonstigen Reize von Vrbnik. Schon das Städtchen selbst ist ein Schmuckstück unter den vielen bezaubernden Altstädten Kroatiens. Seine Mauern bergen sehenswerte Kirchen und Kapellen sowie die 600 Jahre alte Fürstenbibliothek mit 15 000 Büchern, unter denen zahlreiche Raritäten zu finden sind.

Und wenn einem nach Baukultur und staubigen Folianten die Kehle brennt oder der Magen knurrt, dann ist die Konoba «Nada» gleich hinter dem Kirchplatz wärmstens zu empfehlen. Ein wahres Kleinod der kroatischen Gastronomie. Dort kann man auf der Dachterrasse mit Blick auf die Hafenbucht speisen oder im kühlen Gewölbekeller zwischen alten Holzfässern und unter duftenden Schinken, die verlockend von der Decke baumeln. Hausgemachter *Sir i Pršut* (Käse und Schinken) ist besonders zu empfehlen. Aber auch Fisch, Meeresfrüchte und Fleischgerichte werden schmackhaft zubereitet – und dazu kostet man den berühmten strohgelben Žlahtina, der nur auf dem fruchtbaren Karstboden in einem kleinen Gebiet bei Vrbnik gedeiht.

Hoch hinauf führt die Straße in Richtung Baška, am südöstlichen Ende der Insel, und dann ein fruchtbares Bachtal abwärts, in dem die Bauern mit Eselgespannen ihre Felder pflügen. Die rote Lehmerde kontrastiert mit dem leuchtend grünen Laub der Reben. Dahinter ragt die weiße Kalkwand des Obzova-Gebirges in den blauen Himmel, mit schroffen Felsabstürzen, herbgrünen Kieferwäldern, Steineichen und Akazien. Eine traumhaft wilde Bergnatur. Am Ende der Straße erreicht man das Ferienstädtchen Baška mit Treppen und Gässchen, so eng, dass mancher Angst hat, darin stecken zu bleiben. Rings um die Bucht schwingt sich ein kilometerlanger Strand aus Sand und feinem Kies. Von hier aus fahren im Sommer Fähren hinüber zur Insel Rab, der Vierten im Bunde der großen Kvarner Inseln. Kaum zwanzig Kilometer sind es über das spiegelblanke Wasser.

Rab: grüne Insel mit Steinwüste und Paradiesstrand

Rab ist die grünste und fruchtbarste Insel der nördlichen Adria, geprägt durch Waldreichtum, mildes Klima und üppige Vegetation», haben wir im Reiseführer gelesen. Wer mit der Fähre von Jablanac ankommt, der wird es nicht glauben. Von wegen grün! Steingraue Schotterwüste empfängt den Besucher – so kahl und leblos wie der Mond. Darüber flimmert die sengende Hitze. Totes Land. Kein Baum, kein Strauch und kein Grashalm. Nur in der Abendkühle sieht man ein paar Schafe durch die Öde ziehen. Weiß der Himmel, was sie hier finden!

Aber das ist nur die Landseite von Rab, schutzlos den eisigen Böen der Bora preisgegeben und daher kahl gefegt und unwirtlich wie die Landseite fast aller kroatischen Inseln. Kaum lässt man den Hafen hinter sich, beginnen in der Steinwüste bunte Blumen und buschiger Wolfsmilch zu sprießen. Und sobald man über die flache Kuppe hinwegfährt, findet man sich unvermittelt zwischen Weinbergen und Gemüsegärten wieder. Kiefern- und Eichenwälder bedecken die Berghänge, und duftende Tamarisken flankieren die Badebuchten. Das ist die andere, die grüne und einladende Seite des Eilands.

Auf halber Strecke der Inselstraße erreicht man das Städtchen Rab, eine weitere Perle unter den kroatischen Küstenstädten. Für viele die schönste überhaupt. Auf einer langgestreckten Landspitze erbaut, scheint die befestigte Altstadt wie ein Schiff durch das Meer zu pflügen – und durch die Jahrtausende ihrer wechselvollen Geschichte. Hinter einem Wald von Segeljachten staffeln sich die Häuser den steilen Hang hinauf. Darüber – entlang der Donja Ulica aufgereiht – ragen die vier Kirchtürme in den Abendhimmel wie die Masten eines alten Schoners, der die Segel gerefft hat. Kühle Gassen, flankiert von Cafés und kleinen Geschäften, durchschneiden die Landspitze. Und ein von Palmen und blühenden Agaven gesäumter Uferweg führt darum herum wie eine Schiffspromenade – nur an der exponierten Südseite ist er unterbrochen, weil dort die Felsen und Mauern senkrecht aus dem Meer emporsteigen.

Den schönsten Blick über die Hohlziegeldächer und auf die vier Kirchtürme des Städtchens genießt man bei Sonnenuntergang von der alten Stadtmauer, die Rab zum Festland hin abschirmt. Dahinter erstreckt sich ein traumhafter Park, der mit hundertjährigen Pinien, Zypressen und Feigenbäumen bis zur Uferpromenade hinunterreicht. Kein Wunder, dass Feriengäste schon vor hundert Jahren die Inselstadt entdeckt haben. Rab hatte den ersten FKK-Strand Kroatiens. Selbst der britische König Eduard VIII. ließ hier schon 1936 die Hüllen fallen. Und heute ist die gesamte Insel den Sommer hindurch fest in Touristenhand.

Lohnend sind ein Abstecher zum Kloster Sveta Eufemija und eine kleine Exkursion durch den üppigen Wald der Kalifront-Halbinsel – ehe man weiter die Inselstraße nach Lopar folgt. Weit geschwungen erstreckt sich vor diesem Hafenort der berühmte Paradiesstrand – kilometerlang und so feinsandig, wie man es sich nur wünschen kann. Eine wahre Rarität an der felsigen Küste Kroatiens, an der selbst etwas feinere Kiesufer schon mal als Sandstrand angepriesen werden. Hier ist der Sand echt. Fein und flach fällt er ins klare Wasser ab. Ein wahres Ferienparadies – zumindest in der Vorsaison.

Bilder rechts und nächste Doppelseite
Insel Rab in der Kvarner Bucht
• Sandstrand von Lopar; Blick zur Stadt Rab
• Stadt Rab: Fragmente einer vorromanischen Kirche (7. Jh.); Hauptplatz; 3 der 4 Altstadtkirchtürme im Abendlicht

HOTEL RIVA

Region Zadar

Nach der trostlosen Mondlandschaft der Velebit-Felsenküste verändert sich das Landschaftsbild schlagartig, wenn man die brandneue, vierspurige Maslenica-Brücke überquert. Nachdem man stundenlang um endlose Buchten und Felsvorsprünge herumgekurvt ist, geht es nun fast schnurgerade auf einer gut ausgebauten Straße dahin, und während man bisher zwischen zerfressenen Kalkfelsen kaum ein verlorenes Grasbüschel erblickte, säumt nun eine fruchtbare Ebene mit weiten Äckern und Gärten den Weg.

Zadar und die Wiege Kroatiens

Dann ist Dalmatiens alte Hauptstadt erreicht. Auf einer schmalen Landzunge gelegen und von einem mächtigen Mauerwall umgeben, schiebt sich ihre Altstadt wie der Kiel eines überdimensionalen Schiffs ins blaue Meer hinaus. Wenngleich die Verteidigungsmauer der dreitausend Jahre alten Stadt nicht so spektakulär wirken mag wie der Festungsgürtel Dubrovniks, so ist sie doch tatsächlich sogar noch länger und so dick, dass auf ihrer Krone heute zum Teil Straßen verlaufen, komplett mit Bäumen und Parkplätzen!

Doch Zadar ist nicht in erster Linie für seine Befestigungen bekannt, sondern für seine Märkte. Dank des fruchtbaren Hinterlandes, des fischreichen Meeres und der vorgelagerten «Garteninseln» ist die Stadt der größte Markt an der gesamten kroatischen Küste – und das schon seit der Zeit der Römer. Seit zweitausend Jahren ist es täg-

Bild rechts
Die Wehrkirche Sankt Nikolaus (romanisch/altkroatisch, aus dem 11. Jh.) beherrscht das Inselchen Nin, 20 Kilometer nördlich der Stadt Zadar

lich das gleiche Spiel: Jeden Morgen herrscht in den engen Gassen ein Gedränge, als habe sich ganz Dalmatien hier versammelt. Ein buntes Gewimmel und Gelärme, ein Fest der Farben und Gerüche. Mit dem ersten Tageslicht kommen die Bauern aus dem Hinterland; das Hafenbecken der Altstadt füllt sich mit Booten der Inselbewohner, die ihre Produkte auf dem Bauern- und Fischmarkt entlang der Stadtmauer ausbreiten.

Wenige Stunden später ist der Spuk vorbei – und während die Stadt im Siesta-Schlummer liegt, kann man losziehen, um ihre zahlreichen Sehenswürdigkeiten zu entdecken. Vom Narodni Trg, dem Volksplatz und Zentrum der Altstadt, führt die Široka Ulica als Hauptachse und Einkaufsstraße längs über die Halbinsel. Ihre großen Kalkplatten wurden schon von römischen Sandalen blank poliert. Links und rechts zweigen verwinkelte Gässchen ab, und kulturhistorische Denkmäler von Weltrang säumen ihren Lauf: der mächtige Dom Sveta Stošja etwa, ein Meisterwerk der Steinmetzkunst, und der vorromanische Rundbau der Kirche Sveti Donat aus dem 9. Jahrhundert, die wohl größte und imposanteste aller altkroatischen Kirchen.

Seetor und Landtor

Sie markiert bereits das antike Zentrum der Stadt, den Mittelpunkt des römischen Forums, das einst 95 mal 45 Meter maß und auf drei Seiten von monumentalen Säulengängen eingefasst war, während sich an der vierten Seite das Kapitol erhob, damals das politische Zentrum ganz Dalmatiens. Teilweise ist die große Fläche inzwischen überbaut worden, aber noch immer sind Säulen und Trümmer aus römischer Zeit zu sehen; die kostbarsten Funde kann man gleich gegenüber im Archäologischen Museum bewundern. Weiter führt der Rundgang zunächst zum Franziskanerkloster mit der ältesten gotischen Kirche Dalmatiens und dann in entgegengesetzter Richtung am Seetor vorbei, zum Benediktinerinnenkloster mit der wertvollen Dauerausstellung *Gold und Silber von Zadar* und bis zum Landtor, vor dem der romantische kleine Fischerhafen Foša liegt. Die malerisch über dem Hafenbecken aufsteigende Gaststätte gleichen Namens ist ein ausgezeichnetes und weit bekanntes Fischrestaurant, das dazu einlädt, den langen Rundgang mit einem leichten Mahl auf der Panoramaterrasse zu beschließen.

Fährt man aus Zadar hinaus und folgt dem kleinen Sträßchen entlang der Küste, das zwischen Kiefern und Melonenfeldern nach Nordwesten führt, so erreicht man nach etwa zwanzig Kilometer gemütlicher Fahrt das scheinbar unscheinbare Städtchen Nin. Doch so unbedeutend und verschlafen das 1700-Seelen-Dörfchen heute auch wirken mag – einst war es Königsresidenz, bedeutende Hafenstadt, Bischofssitz und die «Wiege Kroatiens», so dass sich der kurze Abstecher allemal lohnt. Schon auf dem Weg dorthin passiert man nahe Zaton eine ungewöhnliche Sehenswürdigkeit. Auf einem Hügel nahe der Straße erhebt sich – unübersehbar und dank zweier vom Wind geformter Pinien äußerst fotogen – die altkroatische Wehrkirche Sveta Nikola. Die kleine, eher einem Wachturm als einem Gotteshaus ähnelnde Rundkirche stammt aus dem 11. Jahrhundert.

Noch älter ist Sveti Križ in Nin selbst. Das im 10. Jahrhundert errichtete vorromanische Kirchlein gilt nicht nur als die älteste und kleinste altkroatische Kirche des Landes, sondern auch als

Bilder rechts und nächste beiden Seiten
Stadt Zadar
• Sankt Donatus (9. Jh.);
Fischerhafen mit dem Landtor
• Fünfeckiger Turm am Fünf-Brunnen-Platz
• Hofbrunnen in einem Altstadtpalazzo; im Dom
Sankt Anastasia (Stošja) aus dem 13. Jh.

ZD 165

Gesicht im Römischen Forum von Zadar

die kleinste Kathedrale der Welt. Diesen Titel verdankt sie dem Umstand, dass Nin Kroatiens erster Bischofssitz war. Einer der herausragendsten Bischöfe Nins war der von den Kroaten bis heute als Nationalheld verehrte Grgur Ninski. Der im 9. Jahrhundert amtierende Bischof hat für die kroatische Geschichte und Kultur Bedeutendes geleistet: Er setzte durch, dass in der kroatischen Kirche statt des unverständlichen Lateins die den Kroaten geläufige Glagoliza verwendet wurde.

An den Gottesmann erinnert in Nin eine von dem berühmten kroatischen Bildhauer Meštrovic geschaffene Statue. In der Pfarrkirche Sveti Anzelmo bewahrt die Schatzkammer wertvolle karolingische Reliquien auf, darunter eine Schulterblatt-Reliquie des heiligen Anselmus. Von den Kroaten wie eine Reliquie verehrt wird auch das in Nin gefundene Taufbecken des Fürsten Višeslav. Er ließ sich im 9. Jahrhundert als erster Kroate von fränkischen Missionaren taufen und bekehrte damit auch seine Untertanen zum Christentum. Das in dem kleinen Archäologischen Museum gezeigte Becken ist jedoch nur eine Replik. Das Original ist im Archäologischen Museum von Zadar zu sehen.

Ganz in der Nähe der einstigen Königsstadt erstrecken sich übrigens an der flachen Bucht von Nin einige lange und vom Tourismus noch weitgehend unentdeckte Sandstrände. Man erreicht sie entweder an der alten Salzfabrik vorbei über eine unbefestigte Piste oder auf der geteerten Straße, die auf die ansonsten wenig interessante Halbinsel Vir führt.

Der Archipel von Zadar

Dicht vor der Küste von Zadar liegen die langgestreckten Inseln Ugljan und Pašman, die üppigen Garteninseln, die den Bauernmarkt von Zadar mit ihrem Reichtum beliefern und daher auch als «schwimmende Gärten» gepriesen werden. Als Reiseziel indes sind beide Inseln noch kaum bekannt. Dabei haben sie durchaus auch Badebuchten und Sehenswertes zu bieten. Gleich vor dem Hafenort Preko etwa liegt die kreisrunde Klosterinsel Galovac, zu der ein Fischer die Besucher hinüberrudert. Rings um das alte Franziskanerkloster stehen schattige Baumriesen über weichen Liegewiesen direkt am Strand der Bucht. Einheimische kommen gelegentlich herüber, um die lauschigen Picknick- und Badeplätze zu nutzen – aber von ausländischen Gästen ist die Inselschönheit noch kaum entdeckt.

Klösterliche Idylle findet man auch in der weiter nördlich gelegenen Ortschaft Ugljan, deren

lippen auf der Westseite der Kornaten-Inseln (Region Zadar)

über fünfhundert Jahre alte Abtei sich hinter Pinien an einer stillen Badebucht verbirgt. Den schönsten Blick auf das Gemäuer bietet die weinüberrankte Terrasse einer kleinen Bar direkt am Ufer der Bucht.

Einen noch weiteren Ausblick genießt man vom 265 Meter hohen Veliki Brdo, auf dessen Gipfel die Ruinen der mittelalterlichen Festung Sveti Mihovil zerbröckeln. Die Straße hinauf ist steil und kurvig, aber oben erwartet einen nicht nur eine erfrischende Brise, sondern ein grandioser Rundblick über die ganze Insel und den halben Archipel von Zadar. Die Burgruine soll wieder aufgebaut werden, aber bis dahin wird noch viel Zeit verstreichen – und so lange ist die von blühenden Blumen und Kräutern in ein duftendes Farbenmeer verwandelte Wiese zwischen den Burgmauern ein einmalig schöner Picknickplatz.

Eine elegant geschwungene Bogenbrücke verbindet Ugljan mit der Nachbarinsel Pašman. Auch hier sind zwei reizvolle und wenig besuchte Klöster zu entdecken: das Franziskanerkloster in Kraj mit einem kleinen Museum und weiß gekalkten Gästezimmern sowie das Benediktinerkloster Sveti Kuzma i Damjan auf dem Berg Ćacovac bei Tkon. Seit 1125 existiert die Abtei – heute zählt sie noch fünf Mönche, die hoch auf dem Berg und fern aller weltlichen Umtriebe ihr beschauliches Dasein fristen. Von ihrer Dachterrasse über den Wipfeln der Bäume genießen sie einen atemberaubenden Ausblick – im wahrsten Sinne der Welt entrückt.

Weiter draußen im Meer als erster Vorposten gegen die anbrandende Adria liegt Dugi Otok, die «Lange Insel», in deren Schutz die beiden «schwimmenden Gärten» gedeihen. Obwohl in Sichtweite der zwei Garteninseln gelegen, ist sie doch in vieler Hinsicht ihr direktes Gegenstück. Während die beiden Schwestern grün und fruchtbar sind, zeigt die «Lange» ein trockenes und dürres Gesicht mit dorniger Macchia und spärlichen Pinienwäldchen. Locken die beiden mit kulturellen Kostbarkeiten, so ist sie das Paradies der Skipper, Taucher und Naturliebhaber, gesegnet mit spektakulären Naturerscheinungen. Und während Ugljan und Pašman den Obst- und Gemüsemarkt Zadars mit ihren Feldfrüchten beliefern, versorgt Dugi Otok dessen Fischmarkt mit den Früchten des Meeres. Nicht umsonst gelten die Fischer dieser Insel als die besten in ganz Dalmatien.

Der Abstecher auf die «Lange Insel» lohnt sich, auch wenn die Fährpassage etwas länger dauert und es keine Direktverbindung von Ugljan oder Pašman gibt. Zum einen lockt die Inselstraße, die Dugi Otok auf der gesamten Länge durchzieht und als die schönste Panoramastraße der

Blick auf die Kornaten – 152 Inseln und Riffe

kroatischen Inseln gilt. Zum anderen bietet sie kristallklares Wasser, wenig besuchte Strände und eine zwar karge, aber sehr eindrucksvolle Natur. Auf der Fahrt über den langen Inselrücken eröffnen sich immer neue Panoramablicke auf die zerklüftete Küstenlinie und die davor im Meeresblau schwimmenden Inselchen. Beim Weiler Savar lohnt ein Besuch der auf einer Halbinsel errichteten Kirche Sveti Pelegrin aus dem 13. Jahrhundert, die zu den bedeutendsten altkroatischen Sakralbauten zählt.

Schön ist auch ein Bummel durch Božava, den touristischen Hauptort der Insel, der – zumindest in der Vor- und Nachsaison – trotzdem verblüffend ruhig und lauschig ist. Und ein paar Kilometer außerhalb in Richtung Veli Rat kann man einen Badenachmittag am weißen Sandstrand von Sakarun verbringen, der eine seltene Rarität an der sonst felsigen Küste Dalmatiens darstellt. Allerdings muss man zur richtigen Zeit kommen, denn je nach Windrichtung kann es vorkommen, dass die Strömungen den ganzen Sand ins Meer hinaustragen und den Strand mit Tonnen von Wasserpflanzen bedecken, so dass er gar nicht mehr sehr einladend wirkt. Aber schon in der Woche darauf kann der malerische Sandstrand wieder zurückgekehrt sein!

Im stillen Weiler Verunić – nur einen Spaziergang vom Sandstrand entfernt und am Ende der Straße gelegen – bieten die traumhaft ruhigen

Lebenswille trotz Stein – auf der Kornaten-Insel Mana

Apartments «Gorgonia» eine komfortable Unterkunft mit Deutsch sprechenden Inhabern, herzlicher Atmosphäre und familienfreundlichen Preisen. Eine wahre Idylle für alle, die Ruhe und Erholung suchen.

Und köstlich speisen kann man gleich nebenan in einem der besten Restaurants des Landes. Auf der schattigen Terrasse dieses kleinen Restaurant mit dem eigenartigen Namen «DM» stimmt einfach alles: exzellente und absolut frische Fischgerichte und Meeresfrüchte, perfekter Service, lauschige Atmosphäre und ein traumhafter Blick auf die Bucht.

Die Hauptattraktion der Insel jedoch liegt an ihrer Südspitze. Hier schneidet sich die Telašćica-Bucht zehn Kilometer tief in den Kalkfels und schafft mit ihren zahlreichen Nebenarmen einen idealen Naturhafen für Skipper. Kristallblaues Wasser, weiße Felsen und sattgrüne Pinien schaffen eine märchenhafte Ferienkulisse. Und atemberaubend im wahrsten Wortsinn wird der Ausblick, wenn man auf den schmalen Grat zwischen Bucht und Meer hinaufsteigt: buchstäblich aus der Möwenperspektive blickt man von den mehr als

Bilder nächste Doppelseite
Insel Pag in der Region Zadar: blühender Busch in karger Landschaft; Basilika Sankt Maria (15. Jh.) in der Stadt Pag; Fischerhafen von Tovarnele an der nördlichen Inselspitze

hundert Meter tief abstürzenden Küstenklippen über das blaue Meer.

Folgt man der Klippenkette durch Felsgewirr und Macchia – oder dem weit bequemeren Fußweg unten entlang der Bucht –, so erreicht man das zweite Naturphänomen der Insel: den Salzsee Mir. Er wird unterirdisch vom Meer gespeist, ist aber sehr flach und daher deutlich wärmer als die Adria. Zum Sonnenbaden und für ein Picknick unter Aleppokiefern gibt es wohl kaum ein idyllischeres Plätzchen!

Karg und steinig präsentiert sich auch die langgestreckte Insel Pag, die weiter nördlich nahe der Küste liegt und als versunkener Bergrücken parallel zur Velebit-Kette aus dem Meer ragt. Die sechzig Kilometer lange Insel ist von Südosten her über eine Brücke zu erreichen, und wer die endlose Kurverei entlang der Küste satt hat, der kann für den Rückweg die Route über Pag wählen – muss dann aber für relativ teures Geld die Fähre von Žigljan nach Prižna nehmen.

Auch wenn Pag auf der Karte und auf den ersten Blick anderen kroatischen Inseln gleichen mag, so hat es doch ein ganz eigenes Gesicht und Besonderheiten, die man sonst nirgends findet. Steinige Mondlandschaften gibt es auch hier, aber zwischen den nackten Felsen sprießen die reinsten Kräutergärten. Die Schafe fressen auf Pag kein Gras, sondern ernähren sich von duftenden Kräutern, die von den Böen der Bora zusätzlich mit feinem Salznebel überstäubt werden. Das verleiht dem berühmten Pager Schafskäse (*Paški Sir*) seine besondere Würze – aber auch dem nicht minder köstlichen Schafbraten.

Eine weitere Besonderheit ist das Städtchen Pag am Südende der Bucht, die fast wie ein See in die Insel einschneidet. Die Straßen und Gassen der Salinenstadt sind nach Schachbrettmuster angeordnet wie die einer modernen amerikanischen Großstadt – und doch sind sie mehr als ein halbes Jahrtausend alt! Tatsächlich wurde die komplette Altstadt bereits 1483 von Jurai Dalmatinac, dem berühmtesten Baumeister Kroatiens, am Reißbrett entworfen. Alles ist hier aus einem Guss und eine städtebauliche Kostbarkeit ersten Ranges.

In den schattigen Gassen sitzen alte Frauen vor der Haustür und arbeiten an den berühmten Pager Spitzen, die nicht gestickt oder geklöppelt, sondern genäht werden. Sie sind so fein verästelt und zart wie Schneekristalle; selbst an den kleinsten Deckchen arbeiten die Frauen tagelang von früh bis spät. Kein Wunder, dass diese Kunstwerke nicht eben billig sind.

Paklenica-Nationalpark: die Schluchten des Balkan

Nur an wenigen Stellen wird der mächtige Felsriegel des Velebit von einem Tal durchschnitten. Eine dieser Stellen findet man bei Starigrad im Paklenica-Nationalpark. Auch seine Naturwunder sind durch die Kraft des Wassers aus dem Karst geschaffen worden. Aber während bei Plitvice durch den Aufbau von Tuffterrassen wundersame Welten entstanden sind, hat das Wasser hier in die Tiefe gegraben und eine wild zerrissene Schlucht durch die Felsen des Velebit gefräst. Diese mächtige Gebirgskette trennt das mediterrane Küstenland vom bergigen Landesinneren und erreicht eine Höhe von über 1700 Metern.

Im Bereich des Nationalparks liegen daher drei verschiedene Klimazonen nur wenige Kilometer auseinander: mediterrane Küstenvegetation mit Palmen und Agaven, die kontinentale Zone mit dichten Rotbuchenwäldern in den Tälern und Föhrenwald an den Berghängen und die subalpine Region mit blühenden Bergmatten und kahlen Karstflächen. Zahlreiche seltene Tier- und Pflan-

Bilder rechts

Unwegsamkeit, Einsamkeit, Wildheit in den bis 700 Meter hohen Felswänden des Paklenica-Nationalparks im Norden der Region Zadar

Klettern in der Schlucht Velika Paklenica

zenarten sind in dieser einsamen Bergwildnis zu Hause, darunter Rehe, Hirsche und Gämsen, Wildschweine, Wölfe und Braunbären, Steinadler und Gänsegeier.

Kernstück des 1949 gegründeten und 1978 unter Unesco-Schutz gestellten Nationalparks sind die beiden Schluchten Velika («Große») und Mala («Kleine») Paklenica. Sie durchbrechen den Gebirgsriegel des Velebit und eröffnen Wanderern, Bergsteigern und Naturfreunden den Zugang ins Innere der einzigartigen Gebirgsregion, die von zahlreichen Fußpfaden durchzogen ist. Eine abenteuerliche Szenerie wie die Kulisse zu einem Wildwestfilm bietet sich in beiden Schluchten. Bis zu siebenhundert Meter hoch ragen die weißgrauen Wände in den blauen Himmel, fast lotrecht und stellenweise sogar überhängend. Ein Paradies für Kletterer, die man als bunte Punkte hoch droben an den Felsen hängen sieht. Felsbrocken, so groß wie Häuser, liegen im engen Talgrund aufgetürmt.

Wind und Wetter haben Zinnen, Türme und scharfkantige Grate aus dem Stein modelliert, Klüfte und Spalten weiten sich zu Höhlen, und zwischen den Felsbastionen ziehen sich Geröllhalden und mächtige Blockfelder herab. Die Große Paklenica ist durch einen Fußpfad erschlossen. Steil schlängelt er sich zwischen Felsblöcken und lotrechten Wänden empor und ins Innere des Parks. Die Kleine Paklenica hingegen ist unwegsam, einsam und nur erfahrenen Wanderern vorbehalten.

Regionen Šibenik und Split

Wer die über hundert Kilometer lange Mondlandschaft der für Badegäste wenig einladenden Velebit-Küste überwunden hat, der findet sich südlich davon in einer Ferienlandschaft wieder, die mit Badeorten, einsamen Buchten, Palmenpromenaden und malerischen Stränden gesegnet ist.

Den Auftakt bildet Biograd, die «Weiße Stadt am Meer»: ein heller, schmucker Urlaubsort, der auf eine uralte illyrische Siedlung zurückgeht und in dem schon altkroatische Könige gekrönt worden sind. Doch fast alle Spuren der langen Geschichte wurden durch die Angriffe der Venezianer und Osmanen getilgt und schließlich durch die Bewohner selbst, die ihre Stadt auf der Flucht vor den Türken 1646 so gründlich zerstört haben, dass kein Stein auf dem anderen blieb. Heute ist Biograd ein Ferienort wie aus dem Reiseprospekt und beliebter Ausgangspunkt für Törns und Kreuzfahrten in die Inselwelt des Kornaten-Nationalparks.

Das von Pinienwäldern eingerahmte Nachbarstädtchen Pakoštane bietet seinen Gästen sogar freie Wahl zwischen Salz- und Süßwasser. Blaues Meer und grüner See liegen dort nur achthundert Meter auseinander. Der über zwölf Kilometer lange und dreißig Quadratkilometer umfassende Vransko jezero ist der größte natürliche See Kroatiens und ein einzigartiges Biotop. Sein Reichtum an kapitalen Karpfen, Hechten, Aalen und bis zu drei Zentner schweren Welsen lockt die Angler aus ganz Europa.

Und am sumpfigen Nordwestufer brüten zahlreiche seltene Vogelarten, darunter die einzige Purpurreiherkolonie des Landes. An türkische Zeiten erinnert das nahe Dörfchen Vrana. Dort hat sich der Wesir Jusuf Maškovic um 1640 eine türkische Karawanserei (*Han*) errichten lassen. Sie ist einzigartig in ganz Europa und eines der ganz seltenen Beispiele islamischer Baukunst in Dalmatien – bislang allerdings in etwas desolatem Zustand.

Hinter Pirovac kann man über eine Klappbrücke auf die Insel Murter gelangen. Hier erwartet einen ausnahmsweise einmal nicht die übliche graue Steinwüste der meisten anderen kroatischen Inseln, sondern eine fruchtbare Gartenlandschaft. Da im Hinterland die hohen Berge fehlen, wird Murter nicht von den eisigen Böen der Bora heimgesucht und ist daher ein üppiger Garten mit Weinbergen, Olivenhainen und Obstplantagen. Mit drei großen Marinas in den Orten Betina, Murter und Jezera ist die Insel zudem ein gefragtes Ziel der Skipper und ein wichtiges Sprungbrett für Törns durch die Inselwelt von Norddalmatien.

Vodice nahe der Krka-Brücke ist der größte Ferienort der Šibeniker Riviera. Große Strandhotels und eine moderne Marina locken im Sommer bunte Urlauberscharen in das Städtchen. Trotzdem hat sich die Altstadt mit lauschigen Gassen und traditionellen Steinhäusern viel von ihrem heimeligen Charme bewahrt.

Šibenik: altkroatische Königsstadt über dem Meer

Eine der attraktivsten Städte der dalmatinischen Küste, Šibenik, liegt nahe der Krka-Mündung an einer seeartigen Erweiterung des Flusses. Terrassenförmig steigt die Altstadt am Steilhang über der Bucht empor, die nur ein schmaler Durchlass

Bild nächste Doppelseite

Norddalmatien: Blick auf Šibenik mit dem markanten gotischen Dom Sankt Jakob

mit dem Meer verbindet. Diesen ideal geschützten und verborgenen Schlupfwinkel machten die Kroaten im 11. Jahrhundert zu ihrer Königsstadt. 1412 fiel die Stadt an die Serenissima, die ihre Geschicke bis 1796 lenkte.

Šibeniks autofreie Altstadt ist reich an historischen Bauwerken und sehenswerten Attraktionen. Plötzlich öffnet sich die schattige Gassenflucht zum weiten, sonnenüberfluteten Domplatz, auf dem das prachtvollste Bauwerk der Stadt mit seiner mächtigen Kuppel in den Himmel ragt: die monumentale Kathedrale Sveti Jakov. Dieses Meisterwerk der Steinmetzkunst hat der berühmteste Baumeister Dalmatiens geschaffen: Juraj Dalmatinac. Als Bronzeskulptur, verewigt vom wohl berühmtesten kroatischen Bildhauer, Ivan Meštrović, steht er heute auf dem Domplatz – seine Werkzeuge in der Hand und so geschickt platziert, dass die Abendsonne seinen Schatten über die Fassade des Domes wandern lässt.

Vom Domplatz steigen Treppen und Gässchen hinauf durch die verwinkelte Altstadt zur Festung Sveta Ana, die einst von den Venezianern zur Türkenabwehr erbaut wurde. Von diesem Adlerhorst bietet sich ein spektakulärer Blick über die Dächer der Altstadt hinab zum schneeweiß leuchtenden Dom und über den dunklen Meereskanal. Wie Möwen erscheinen von hier oben die kleinen weißen Punkte der Segelboote drunten am Kai.

Verwirrend verwobene Wasserwelt im Krka-Nationalpark

Nur wenige Kilometer landeinwärts von Šibenik hat der Fluss Krka eine fantastische Wunderwelt geschaffen, die mit zum Schönsten gehört, was die vielfältige Natur an Kroatiens Küste zu bieten hat. Einen Abstecher in den Krka-Nationalpark sollte man sich keinesfalls entgehen lassen. Zehn Kilometer, nachdem man von der Adria-Magistrale Richtung Drnis abgebogen ist, führt bei Lozovac links ein Teersträßlein in den Nationalpark hinein. Wenige hundert Meter weiter geht es links durch eine malerische Landschaft hinab in das tief im Flusstal gelegene Örtchen Skradin. Hier kann man nicht nur idyllisch am Kai sitzen und exzellente Meeresfrüchte speisen, sondern vom Kai des stillen Ortes fahren auch Ausflugsboote flussaufwärts zu den weltberühmten Wasserfällen.

Haben Sie die unteren Fälle erreicht, machen Sie unbedingt einen Spaziergang. Durch die verwirrend verwobene Wasserwelt schlängelt sich ein schmaler Pfad, der über zahllose Brückchen und Stege die verzauberte Natur erschließt. Überall rauscht das klare Wasser. Hier quillt ein niedlicher Minifall aus dem Dickicht, dort stürzt sich ein mächtiger Strom über die Felsen. Frösche quaken, Schmetterlinge gaukeln; üppiges Dschungelgrün und von Gischt erfüllte Luft. Prächtig blühende Seerosen bedecken einen stillen Tümpel, mannshohe Pflanzen mit riesigen Blättern verwandeln den Weg in einen Urwaldpfad.

Am imposantesten ist der Skradinski buk, der als der schönste Travertinwasserfall Europas gepriesen wird. Über siebzehn Felsstufen stürzen hier gewaltige Wassermassen insgesamt 46 Meter in die Tiefe. Eine schäumende, tosende Wasserwand von fast hundert Meter Breite zwischen tiefgrünen Wäldern. Nur wenige Schritte weiter klappert eine museale Mühle. In Trachten gekleidete Frauen führen durch das kleine Museum und demonstrieren uralte, aber funktionstüchtige Geräte, wie etwa die vom Bach selbst angetriebene «erste automatische Waschmaschine» der Welt.

Oberhalb der Skradin-Fälle staut sich die Krka zu einem türkisfarbenen See zwischen Geröllhängen und grüner Macchia. Mit kleinen Schiffchen der Parkverwaltung erreicht man über diesen See

Bild rechts
Licht- und Schattenspiel in der Altstadt von Šibenik, das im Jahr 1066 erstmals erwähnt wurde

den fünfzehn Meter hohen Wasserfall Roški slap und die kleine Insel Visovac, bedeckt von Palmen und Platanen, Zypressen und Oleander. Seit 1445 leben dort Franziskanermönche, die im Lauf der Jahrhunderte eine äußerst wertvolle Bibliothek zusammengetragen haben: eine Ausgabe der *Äsopischen Fabeln* aus dem Jahr 1487, altkroatische Bücher, türkische Dokumente und kunstvoll kolorierte Manuskripte.

Südlich von Šibenik bis Split erstreckt sich die Gartenküste Dalmatiens. Hier säumen keine schroffen Gebirge die Adria, sondern ein fruchtbares Hügelland mit Weinbergen und Olivenhainen, Obstgärten und Gemüsefeldern. Die Ortschaften sind zum Schutz vor Angreifern auf Küstenfelsen und auf kleinen Inselchen entstanden: bezaubernde alte Steinstädtchen wie etwa Primošten und Rogoznica, erbaut von Bewohnern aus dem Landesinneren, die vor den Türken geflohen waren. Als keine Türkengefahr mehr drohte, haben sie ihre Inseln durch einen Damm mit dem Festland verbunden. Doch ihre eigentümliche Atmosphäre haben sich die Inselorte bewahrt, und bis heute findet man hier Häuser mit Dächern aus Kalksteinplatten, die für Dalmatien so typisch sind. Uralt und etwas aus dem Winkel geraten, ducken sie sich unter der Last der Jahrhunderte, während aus den Ritzen bunte Blumen sprießen.

Ebenso fotogen wie der Ort sind auch seine Weinberge, auf denen der berühmte Babić gedeiht: ein fantastisches Labyrinth aus endlosen, eng gezogenen Steinmäuerchen, zwischen denen die einzelnen Reben grün im Sonnenlicht schimmern. Ganze Hänge sind vom grafischen Muster winziger Karrees überzogen. Tausende kleiner Vierecke, von denen jedes gerade mal eine Hand voll Reben schützt. Die eindrucksvollsten kann man an den steilen Hängen über der Marina bestaunen, die etwas südlich außerhalb von Primošten liegt – oder auf einem riesigen Wandfoto in der UNO-Zentrale in New York.

Mittelalterliches Trogir

Städtisches Gegenstück zum eher dörflichen Primošten ist die noch ältere und noch besser erhaltene Inselfeste Trogir. Nirgends in Dalmatien wird man eine zweite Stadt finden, die ein so mittelalterlich geschlossenes Bild bewahrt hat. Die Mauern, Türme und Befestigungen von Trogir wurden nie zerstört. Alles ist noch wie vor Jahrhunderten. Nur dass die Flaniermeile der Altstadt nun Ulica Kohl-Genschera heißt. Die beiden deutschen Politiker, insbesondere jedoch der einstige deutsche Außenminister, werden in Kroatien hoch geschätzt, weil sie die Ersten waren, die Kroatien als unabhängigen Staat anerkannt haben.

Wie in Šibenik ist auch Trogirs berühmtestes Bauwerk ein imposanter Dom. Das sakrale Juwel, über dessen schmuckvollem romanischem Westportal sich ein wahrer Bilderreigen spannt, steht auf dem zentralen Platz der Altstadt. Zusammen mit dem Patrizierpalast Cipico, dem Rathaus, der Loggia und der dahinter aufragenden Basilika Sveta Barbara macht er das Geviert zu einem der schönsten Stadtplätze Kroatiens.

Den besten Panoramablick auf das Altstadtensemble genießt man jedoch von der Nachbarinsel Čiovo, die man über eine schwankende Klappbrücke erreicht. Über Fischerboote und Jachten hinweg blickt man auf eine stattliche Palmenallee. Dahinter steigen die hohen Festungsmauern auf, überragt von roten Ziegeldächern,

Bilder rechts und nächste beiden Seiten
Nationalpark Krka in Norddalmatien
• Städtchen Skradin; Schiffchen auf dem mäandernden Krka-Fluss
• Paradiesisch: lauschige Wasserfälle und Badefreuden
• Einige der vielen natürlichen Kaskaden und Travertin-Terrassen – das Tosen der fallenden Wasser ist reinste Musik

zierlich-filigranen Kirchtürmen und den kahlen Hängen der Küstenberge.

Archipel von Šibenik

Vor der Küste von Šibenik liegt ein Archipel von rund 250 größeren und kleineren Inselchen, die touristisch noch wenig erschlossen sind. Die meisten davon sind unbewohnt, und auch auf den größeren verläuft das Inselleben noch so ruhig wie in alten Zeiten. Die größeren Inseln sind mit Booten von Šibenik aus zu erreichen, einige auch ab Vodice, und nach Krapanj gelangt man mit dem Taxiboot von Brodarica aus. Das 2,4 Quadratkilometer kleine Inselchen Prvić südlich von Vodice zählt gerade einmal 550 Bewohner. An der Westküste liegt das Dorf Šepurine mit hübschen Natursteinhäusern und dem Kirchlein Sveti Roc von 1620. Die besten Bademöglichkeiten bietet die Bucht Prvić Luka im Süden.

Mit Palmen, Feigenbäumen und Tamarisken ist Zlarin, die «Goldene Insel», wie sie zur Römerzeit hieß, ein mediterranes Paradies. Bekannt ist sie für ihre Korallen- und Schwammtaucher, an die ein kleines Museum erinnert, sowie für ihre prachtvollen Trachten und Folkloretänze. Schöne Bademöglichkeiten bieten die nahe dieser einzigen Ortschaft der Insel gelegenen Sandstrände.

Das autofreie Inselchen Kaprije liegt mitten im Archipel und besitzt eine stark gegliederte Küste mit mehreren Badestränden. Wer etwas abenteuerlicher veranlagt ist, kann sich für eine Robinsonade mit dem Boot zur unbewohnten Insel Kakan fahren lassen.

Bilder rechts und nächste Doppelseite
Norddalmatien
• Primošten, die für ihren in der Umgebung angebauten Rotwein Babič berühmte Inselstadt
• Hafenstadt Marina mit dem Festungsturm, um 1500 erbaut – heute das Hotel Kastil

Die nur dreihundert Meter vor der Küste bei Brodarica gelegene Insel Krapanj ist durch die Schwammtaucherei und -verarbeitung zu Wohlstand gelangt. Der Hauptort besteht aus hübschen Kalkquaderhäusern. Nördlich davon im Kiefernwald birgt das Franziskanerkloster ein Museum der Unterwasserwelt und der Schwammtaucherei, das über Flora und Fauna der Adria informiert.

Žirje, die größte Insel des Archipels, liegt am weitesten von der Küste entfernt am südwestlichen Rand der Inselgruppe und wurde bisher vom Tourismus noch wenig entdeckt. Einige Ruinen byzantinischer Festungen erinnern an die strategische Bedeutung der Insel, die den Zugang zum Archipel sicherte. Schöne Bademöglichkeiten bieten die Buchten Vela und Mala Stupica im Südosten.

Split – die Stadt im Römerpalast

Mit Split, der größten Stadt Dalmatiens und der zweitgrößten des Landes, hat man die Küste Mitteldalmatiens erreicht. Das kulturelle und wirtschaftliche Zentrum der ganzen Küste ist eine moderne, quirlige und sehr lebendige Metropole, aber ihr Herzstück bildet ein fast zweitausend Jahre alter gigantischer Römerpalast, der bis heute bewohnt und belebt ist. Zugleich ist die große Stadt Mittelpunkt einer beliebten Badeküste, Ausgangspunkt für Besichtigungen kultureller Schmuckstücke und Sprungbrett für die drei großen Inseln Brač, Hvar und Korčula.

Paläste findet man in vielen Städten, aber eine ganze Altstadt innerhalb eines Palastes, das gibt es

Bilder rechts, nächste Doppelseite und Seiten 98, 99
Inselstadt Trogir in Norddalmatien
• Yachten vor der mittelalterlichen Altstadt
• Das Seetor in der Altstadt
• Altstadtgassen und Turm von Sankt Lovro (erbaut ab 1123)
• Innenhof in der Altstadt

PROVIDNOST
SPLIT

Coca-Cola
LAŠKO PIVO 1825!

JADROLINIJA

GRILL

10
GRADSKA

weltweit wohl nur einmal: in Split. Hier ließ sich der römische Kaiser Diokletian nahe seinem Geburtsort Salona einen prunkvollen Altersruhesitz direkt am Meer errichten: 180 Meter breit, 215 Meter lang und ausgestattet mit kaiserlichen Gemächern und Repräsentationsräumen, mit Tempeln, Kasernen und Wohnungen für die Dienerschaft. Eine Residenz von annähernd 100 000 Quadratmeter Wohnfläche! Und sein Mausoleum ließ er sich gleich mit dazu bauen.

Dass die kolossale Anlage so gut erhalten blieb und zum Kern der Stadt Split wurde, verdankt sie letztlich dem verheerenden Einfall der Awaren und Slawen. Als sie 614 Salona in Schutt und Asche legten, flohen dessen Bewohner in die schützenden Mauern des Diokletianpalastes und richteten sich dort häuslich ein. Die einstige Kaiserresidenz verwandelte sich in einen wimmelnden Bienenstock der Proletarier, und im Laufe der Jahrhunderte entstand ein Labyrinth von Um- und Anbauten. Aus den Prunkgemächern wurde Wohnraum für Tausende von Flüchtlingen.

Römische Tempel wurden zu Kirchen, Badehäuser zu Ställen und Wachstuben zu Werkstätten. Ins Gewirr der Katakomben warfen die neuen Bewohner ihren Müll hinunter, so dass die Kellergewölbe allmählich bis an die Decke darin versanken. Der Sarkophag Diokletians wurde aus dem Mausoleum geworfen, und die letzte Ruhestätte des einstigen Christenverfolgers wurde zur ältesten katholischen Kathedrale der Welt. Welch eine Ironie des Schicksals!

Wohnen hinter 1700 Jahre alten kaiserlichen Mauern

Fast eineinhalb Jahrtausende sind seitdem vergangen, doch viel geändert hat sich im einstigen Kaiserpalast nicht: Noch immer wohnen und arbeiten die Menschen innerhalb der alten Mauern. Noch immer säumen Geschäfte und Cafés den einstigen Decumanus (heute: Krešimirova), und noch immer trifft man sich auf dem Peristyl, dem antiken Innenhof des Kaiserpalastes.

So ist das Herz der modernen Metropole Split bis heute wie eine Zeitmaschine, die Gegenwart und Vergangenheit verschmilzt. Hier pulsiert das Leben inmitten einer 1700 Jahre alten Kulisse römischer Gemäuer. Im Peristyl sitzen heute Einheimische und Feriengäste, eingefasst von mächtigen Marmorsäulen. Hier hat einst das Volk dem Gottkaiser gehuldigt, hier ist er aus dem Vestibül getreten, flankiert von Prätorianern mit wehendem Helmbusch und von zwei geheimnisvollen Sphinxstatuen aus schwarzem Basalt.

Kaffeepause im Kaiserpalast. Wo sonst ist das möglich?! Mietwohnungen in den kaiserlichen Gemächern, Geschäfte und Restaurants zwischen Marmorsäulen. Marktstände am Palasttor – und der einstige Audienzsaal: ein Kinderspielplatz! So etwas gibt es nur einmal auf dieser Welt.

Bis heute prägt der Palast nachhaltig das Gesicht der Altstadt. Teile der unterirdischen Gewölbe wurden ausgegraben; Souvenirhändler bieten darin jetzt Nachbildungen römischer Funde zum Verkauf. Manches wurde oder wird restauriert, und eine Vielfalt späterer Bauten machen das Herz der Stadt zu einem Sammelsurium der Stilgeschichte: ein romanischer Glockenturm, gotische Fensterbogen, ein Renaissancepalais, barokke Kapellen und dazwischen die moderne Glasfassade einer Bank.

Hinter den Arkaden des Peristyls erhebt sich wie vor über tausend Jahren das einstige Mausoleum des Römerkaisers – heute die Kathedrale Sveti Duje. Abgesehen von der Eingangshalle und dem romanischen Glockenturm, blieb sie fast un-

Bilder rechts und nächste Doppelseite

Split, Dalmatiens größte Stadt

• Diokletianpalast aus kaiserlicher Zeit (3./4. Jh.): im Vestibül; im Jupitertempel; unterirdische Gewölbe

• Blick vom Meer zur Stadt

CROATIA

verändert. Zwischen reichem Goldschmuck und rotem Samt erblickt man an einem Fries die Porträts des Kaisers und seiner Gemahlin Prisca. Es ist eine der wenigen Darstellungen Diokletians, die den Bildersturm gegen den Christenverfolger überdauert haben. Ausgerechnet in der christlichen Kirche sind die markanten Gesichtszüge des Kaisers erhalten geblieben: scharfe Nase, harter Mund, entschlossenes Kinn und selbstbewusster Blick.

Zwischen dem Gemäuer verborgen führt eine Gasse zum Jupitertempel, vor dem – heute kopflos – eine schwarze Sphinx die Jahrtausende verdöst, das Gegenstück zu jener im Peristyl. Die Christen haben den heidnischen Tempel in ein Baptisterium verwandelt. Harmonische Proportionen und reiche Verzierungen schmücken den kleinen Innenraum, und eine der fast tausend Jahre alten Reliefplatten am Taufbecken zeigt einen altkroatischen König auf dem Thron.

Labyrinth der altersschwarzen Gassen

Auch die vier Tore und zwei Hauptachsen des einstigen Palastes sind bis heute erhalten geblieben. Im Norden prangt die prachtvolle Porta Aurea (Goldtor), früher der Hauptzugang von Salona her und deshalb die repräsentative Schmuckseite des Palasts. Vom Peristyl nach Osten gelangt man über spiegelblank polierte antike Kalksteinplatten und zwischen römischen Säulen hindurch zum Silbertor (Porta Argentea), das heute auf den Obst- und Gemüsemarkt führt.

In entgegengesetzter Richtung schlängelt man sich durch das Menschengewimmel auf der schattig-engen Krešimirova zum Eisernen Tor (Porta Ferrea) mit einem vorromanischen Glockenturm. Durchquert man das Tor, so tritt man aus engen altersschwarzen Gassen auf den weiten, offenen Narodni Trg – und damit aus der römischen in die venezianische Zeit der Stadt. Prachtvolle Adelspaläste, die Stadtloggia aus dem 15. Jahrhundert und die bunten Markisen der Straßencafés säumen den sonnigen Platz.

Vom Peristyl nach Süden und unter dem klassischen Dreiecksgiebel hindurch steigt eine Treppe in die Kellergewölbe hinunter zum Seetor. Dämmerige Seitengänge zweigen davon ab, die in das Labyrinth der Palastkeller führen. An einigen Stellen enden sie aber auch abrupt. Bis zu diesen Stellen wurden die Gewölbe freigelegt – und was dahinter wie eine Wand aussieht, ist der Schutt der Jahrhunderte. Er füllt diese Räume bis zur Decke hinauf und hat sie hervorragend konserviert, so dass Historiker heute aus ihrer Anordnung den genauen Grundriss der zerstörten Kaisergemächer rekonstruieren können, die einst darüber lagen. Heute werden in den Kellergewölben unter dem Palast Empfänge, Cocktailpartys und prunkvolle Bankette abgehalten. Das gespenstische Gewölbe scheint die Jahrhunderte zu komprimieren. Antike und Moderne werden zu einer zeitlosen Gegenwart vereint.

Vor der Porta Aenea (Messingtor), dort wo einst die kaiserliche Barke lag, erstreckt sich heute die Riva, eine palmengesäumte Uferpromenade. In den letzten Jahrhunderten wurde dort Land angefüllt, so dass die Südmauer des Palastes nicht mehr wie einst unmittelbar aus dem Meer aufsteigt. Hier zwischen Palast und Meer ist heute die Flaniermeile der Stadt – und wer in der Abenddämmerung von einem der Straßencafés den

Bilder rechts und nächste 4 Seiten
Split, die über 1700-jährige Stadt
• In den Gemäuern des Diokletianpalastes
• Turm der Kathedrale Sankt Dominus (Duje), die im 7. Jh. vom Mausoleum zur Kirche umgebaut worden war
• Sankt Rochus (Rok) in der Diokletian-Palastanlage; Mauern der Palastanlage
• Relief und lateinische Inschrift in der Palastanlage
• Altstadtgasse; Glockenturm des Franziskanerklosters und predigender Bischof Gregor von Nin (10. Jh.) in Bronze

BATISTE DE VGVBIO
ARLA

MUSEUM

Blick auf die Palmenpromenade genießt, der kann sich davon überzeugen, dass es zu Recht heißt, Split sei nicht nur eine alte Römerstadt, sondern heute Heimat der schönsten Frauen der Welt.

Kaštela – Stadt der sieben Kastelle

Vor dem Schreckensruf «Die Türken kommen!» flohen im 15. und 16. Jahrhundert weltliche und kirchliche Würdenträger aus Split hinaus und errichteten an der Küste eine Kette trutziger Festungen. Sieben von dreizehn Burgen sind erhalten geblieben, sie bildeten die Keimzellen für kleine Orte, die zu der Stadt Kaštela (32 000 Einwohner) zusammengefasst wurden. Wer auf der Adria-Magistrale, die hier nicht an der Küste verläuft, sondern durch die Industriezone der Großstadt, zwischen Split und Trogir fährt, der würde nicht ahnen, welche kleinstädtische, ja teils mittelalterliche Idylle sich hinter den Fabrikschloten verbirgt: Bilderbuchburgen und kleine Kirchlein, Natursteinhäuser, Palmenpromenaden mit beliebten Restaurants, flache Strände und lauschige Häfen. Der Abstecher lohnt sich! Und von Split und Trogir sind alle sieben Orte bequem mit Linienbussen zu erreichen.

Kaštel Sućurac, die östlichste der sieben Ortschaften, ist auch die älteste. Der erste Festungsturm wurde hier bereits 1392 im Auftrag des Erzbischofs Gualdo von Split erbaut und 1488 zur Zitadelle erweitert. Das Kastell Gomilica entstand zu Beginn des 16. Jahrhunderts auf dem vorgelagerten Felsen und wurde durch eine Zugbrücke mit dem Festland verbunden. Reizvoll sind aber nicht allein das Panorama der Festung, die auf dem Wasser zu schwimmen scheint, sondern auch ein Bummel durch die Gassen mit ihrer Atmosphäre vergangener Zeiten und der flache Sandstrand.

Kaštel Kambelovac gehörte der Aristokratenfamilie Cambi aus Split, die hier im 16. Jahrhundert mehrere Festungen erbauen ließ. Die Zitadelle steht auf einer Insel, die durch einen Damm mit dem Festland verbunden wurde. Ihren Mittelpunkt bildet ein schlichter Palast mit Rundturm und einem verzierten Renaissancebalkon.

Das vom Grün der Palmen, Obstbäume und Tamarisken umrahmte Städtchen Kaštel Lukšić geht auf einen befestigten Landsitz zurück, den sich die Aristokratenfamilie Vitturi aus Trogir Ende des 15. Jahrhunderts auf einem kleinen Inselchen erbauen ließ. Heute ist das Palais an der Nordseite mit dem Festland zusammengewachsen, aber an der Südseite steigen seine Mauern noch immer unmittelbar aus dem Meer empor.

Kaštel Stari, die «Alte Festung», wurde 1481 im Auftrag von Koriolano Ćipiko erbaut, der es fertig gebracht hat, sich als Schriftsteller, Humanist und Heerführer zugleich einen Namen zu machen. Seine Burg brannte bald ab und wurde 1493 neu aufgebaut. Das am Hang des Kozjak gelegene Kirchlein Sveti Juraj aus dem 11. Jahrhundert gilt als eines der schönsten Beispiele frühmittelalterlicher Kirchenarchitektur.

Keimzelle von Kaštel Novi, der «Neuen Festung», ist ein wuchtiger frei stehender Wehrturm, den 1512 ein Neffe des Schriftstellers Koriolano Ćipiko erbauen ließ. Der zugehörige Ort mit seinen amerikanisch anmutenden Straßenkarrees ist heute mit Kaštel Stari zusammengewachsen. Kaštel Štafilić, die westlichste Ortschaft von Kaštela, verdankt ihren Namen Stjepan Stafileo von Trogir, der hier im 16. Jahrhundert auf einem Inselchen sein Kastell mit Wehrturm errichten und es durch eine Zugbrücke mit dem Festland verbinden ließ.

Salona – Ruinen einer antiken Großstadt

Bei Solin, fünf Kilometer nördlich von Split, erstrecken sich die weitläufigen Ruinen von Salona, der einst 50 000 Einwohner zählenden rö-

Muschelverziertes Haus in Kaštel Gomilica

mischen Hauptstadt Dalmatiens. Auf der fruchtbaren Küstenebene hatten schon die Griechen eine Kolonie gegründet, die unter den Römern rasch expandierte. Im 7. Jahrhundert zerstörten Slawen und Awaren die Metropole für immer. Außerhalb der antiken Mauern, am Jadro, entstand das neue Solin, das vom 9. bis 11. Jahrhundert Hauptort des kroatischen Königreichs war. Hier wurde Fürst Zvonimir 1075 vom päpstlichen Gesandten gekrönt, und hier stand das Mausoleum der kroatischen Könige.

Ein Schild weist den Weg zum großen Parkplatz bei der archäologischen Zone, die touristisch kaum erschlossen ist. Man kann im 160 Hektar großen Ausgrabungsgebiet selbst auf Entdeckertour gehen. Zwischen Olivenbäumen und Gestrüpp schlummern die Überreste der antiken Metropole mit Tempeln, Thermen und Theater, mit einem Gewirr von Grundmauern, umgestürzten Säulen, Gräberfeldern und Resten aus frühchristlicher Zeit. Viele der Funde von Salona sind in den Museen von Split ausgestellt. Direkt von der Straße aus sieht man einen gut erhaltenen Teil des

Bilder nächste beiden Doppelseiten

Dalmatien

- **Das Kastell Gomilica ist eine der ursprünglich 13 Burganlagen an der Straße der Kastelle – heute zur Stadt Kaštel (nördlich von Split) gehörend**
- **Insel Brač: Blick auf den legendären Strand «Goldenes Horn» von Bol und auf das Städtchen Bol mit dem Dominikanerkloster (15. Jh.) auf der Landzunge**

römischen Aquädukts, der einst neun Kilometer lang war und täglich mehr als eine Million Liter Wasser in die Stadt leitete. Nach einer Restaurierung 1880 wird er auch heute wieder benutzt.

Felsenfestung Klis und Reiterstadt Sinj

Zu dem elf Kilometer nördlich von Split auf 360 Meter Höhe gelegenen Passstädtchen Klis schlängelt sich die E 71 in Richtung Sinj hinauf. Auf dem Felsen, der den Ort überragt, entstand schon im frühen Mittelalter eine Festung, die den Passübergang ins Landesinnere kontrollierte. Wegen ihrer strategischen Schlüsselposition stets heftig umstritten, fiel die Festung 1537 an die Türken, die von hier aus Vorstöße gegen Split unternahmen. Erst 1648 eroberte ein venezianisches Heer die Burg zurück. Das heutige Aussehen der Festung wurde von den Venezianern und den Österreichern geprägt. Aus türkischer Zeit ist nur eine Moschee erhalten, die später in eine Kirche umgewandelt wurde. Auch heute noch bietet die Ruine einen imponierenden Anblick – und einen noch eindrucksvolleren Ausblick über die Bucht von Split.

Die für ihre spektakulären Reiterspiele bekannte Stadt Sinj liegt im kargen Bergland der Dalmatinska Zagora, 37 Kilometer landeinwärts

Bilder rechts, nächste beiden Seiten und Doppelseite 120/121
Dalmatinische Insel Hvar
• Yachthafen und Hölleninseln vor der Stadt Hvar; Küste einer Hölleninsel; Leuchtturm vor Sućuraj am anderen Ende der Insel
• Altstadt von Hvar mit Sankt Stephan (16./17. Jh.)
• Stadt Hvar – von der Zitadelle und vom Meer aus gesehen
• Wilder Lavendel; verlassene Hirtenhäuser bei Humac; Vrboska mit der Festungskirche Sankt Maria

SPES TOURS

von Split (via E 71), am Rande des fruchtbaren Sinjsko Polje. 1516 eroberten die Türken Stadt und Burg Sinj und beherrschten sie bis zur Befreiung durch die Venezianer 1698. Auch danach versuchten sie die Stadt zurückzugewinnen. So etwa 1715, als sie Sinj mit 60 000 Infanteristen und Kavalleristen attackierten, denen nur 700 Verteidiger gegenüberstanden.

Fünfzehn Tage lang widerstanden die verwegenen *Alkari* (Ritter) von Sinj der fast hundertfachen Übermacht, bis sie schließlich mit venezianischer Unterstützung das Türkenheer schlagen konnten. An ihre heldenmütige Tat erinnert seither alljährlich die Sinjska Alka. Diese farbenprächtigen Reiterspiele, die jedes Jahr am ersten Augustwochenende stattfinden, sind die größte Attraktion der Region.

Die in historische Uniformen gekleideten Alkari müssen dabei in vollem Galopp mit ihren Lanzen einen über der Rennbahn aufgehängten Eisenring (Alka von arabisch *halqa* = Ring) aufspießen. Eröffnet werden die Spiele mit einem prachtvollen Festumzug in historischen Trachten und Uniformen, angeführt von einer Eliteeinheit von Ritterburschen mit alten Pistolen, Handscharen (orientalischen Messern) und Gewehren. Ihnen folgen die Morgenstern- und die Schildträger mit einem erbeuteten Türkenschild von 1715 sowie ein reiterloses Pferd mit der erbeuteten Rüstung des türkischen Feldherrn. Dann kommen, angeführt von Fahnenträgern, Adjutanten mit gezückten Säbeln und ihrem Herzog, die Ritter auf ihren prachtvoll herausgeputzten Pferden. Sie tragen die Originaluniformen aus der Zeit der türkischen Belagerung: den Dolman, einen Waffenrock aus blauem Tuch mit reichen Silberverzierungen, ein Brokatwams, Reiterstiefel, Sporen und die Kalpak, eine Husarenmütze aus Marderpelz mit Federschmuck.

Der Alka, den es mit der Lanze zu treffen gilt, besteht aus zwei ineinander gesetzten Ringen unterschiedlicher Größe, die durch drei Stege verbunden sind, so dass vier Felder entstehen. Für einen Treffer in den inneren (kleinen) Ring gibt es drei Punkte, das obere Feld bringt zwei Punkte, die beiden unteren je einen Punkt. Sieger ist, wer in drei Durchgängen die höchste Punktzahl erringt. Bei gleicher Punktzahl kommt es zum Stechen. Wer daraus schließlich als Sieger hervorgeht, wird reich beschenkt und ein ganzes Jahr lang als Held gefeiert.

Der Archipel von Split: große und kleine Inselparadiese

Zahlenmäßig kann die Inselfamilie vor Split nicht mit dem Archipel von Zadar konkurrieren. Von einer Hand voll unbewohnter Eilande abgesehen, sind es nur Šolta, Brač, Hvar und Korčula sowie die mittleren Inseln Šolta und Vis. Doch dafür bieten die drei großen Inseln dieses Archipels eine Vielfalt, wie man sie sonst nicht findet. Exotisch, reizvoll und verlockend liegen sie da nebeneinander – wie drei Schwestern im blauen Bett der Adria: Brač, die «Dicke», Hvar, die «Lange», und Korčula, die «Romantische». Drei Schwestern höchst unterschiedlicher Natur. Jede mit ihren eigenen Reizen und Vorzügen – und jede eine exotische Schönheit.

Bislang nur von den Bewohnern der Stadt Split als Ferienziel entdeckt wurde die Insel Šolta. Das gebirgige Brač ist die größte und vielgestaltigste aller dalmatinischen Inseln – mit dem schönsten Strand und dem höchsten Inselberg. Die Lavendelinsel Hvar ist berühmt für ihr mildes Klima, für ihre subtropische Vegetation und für den charmanten Kurort Hvar. Weit draußen im Meer liegt Vis, die bis vor wenigen Jahren Sperrgebiet war und bislang noch ein ursprüngliches Inselparadies geblieben ist. Alle vier Inseln sind von Split aus mit der Autofähre zu erreichen, untereinander sind sie jedoch nicht durch Fährlinien verbunden.

In der Blauen Höhle der kleinen Insel Biševo südwestlich der Insel Vis

Marmorinsel Brač

Die erste der drei Schwestern – von Split aus gesehen – ist Brač, deren alter Beiname, «Insel ohne Wasser und Brot», gewiss nicht eben verlockend klingen mag. Stets stand sie im Schatten ihrer üppigeren Schwestern. Während Hvar und Korčula schon von Griechen und Römern besiedelt wurden, diente das felsige und fast wasserlose Eiland Jahrhunderte lang nur als Steinbruch. Gewonnen wurde und wird hier allerdings der weit bekannte weiße Marmor, den schon die Römer schätzten. Berühmte Bauwerke wie der Diokletianpalast in Split, das Weiße Haus in Washington und der Berliner Reichstag sind aus diesem Stein errichtet worden. Erst vor 25 Jahren begann die touristische Erschließung der Insel und ihrer wenigen Küstenorte. Manche Bergdörfer sind heute fast ausgestorben, beispielsweise Skrip. Wie von der Zeit vergessen, ruhen seine schlichten, mit Steinplatten gedeckten Natursteinhäuschen in der Landschaft. Ein lebendiges Freilichtmuseum der Inselgeschichte. Über dem Dorf erhebt sich eine mittelalterliche Burg, und im Ort

Bilder nächste Doppelseite

Insel Vis südöstlich von Hvar: im Hafen und in einer Gasse des Städtchens Komiža; einsame Bucht

IZLOZBA

stößt man auf eine illyrische Zyklopenmauer, einen römischen Friedhof und einen Wehrturm, der das kleine Inselmuseum beherbergt.

Steil empor führt von Skrip eine kleine Straße nach Nerežišća. Droben auf der Höhe zweigt ein schmaler Teerweg von ihr ab und führt ins menschenleere Bergland der Insel. Über ein wildes Hochplateau schlängelt er sich bis zum Gipfel des höchsten Inselbergs: des 778 Meter hohen Vidovica, der einen spektakulären Blick über die Küste von Brač und den weiteren Archipel eröffnet. Tief drunten dehnt sich das glitzernde Inselpanorama; goldfarben leuchtet aus dem blaugrünen Meer das berühmte Zlatni rat hervor, das Goldene Horn.

Dieser 600 Meter ins Meer hinausragende Keil aus Kies und Sand ist Wahrzeichen und Hauptattraktion von Brač – und zugleich eine Art Wetterwarte: Je nach Windverhältnissen krümmt sich seine Spitze entweder nach Osten oder Westen. Dicht neben diesem einzigartigen Badestrand drängt sich der Ferienort Bol an den Fuß des zerrissenen Felsmassivs. Sein goldener Sand ist heute tatsächlich Gold wert. Ihm verdankt der Ort erstklassige Hotels, Tennisanlagen und Discos – und die Insel sogar einen eigenen Flughafen.

Außerhalb der von buntem Badeleben erfüllten Ferienoase dehnt sich wilde Felslandschaft. Darin verborgen – und bis heute nur zu Fuß erreichbar – hat sich das berühmteste Felsenkloster Kroatiens erhalten: die Eremitage Blaca. Ein schmaler Pfad schlängelt sich die Schlucht hinauf zu der Abtei, die wie ein Schwalbennest unter lotrechten Felsen klebt. Beim Rundgang durch die 1588 gegründete Anlage taucht man tief in die Vergangenheit hinab. Ihr besonderer Stolz ist die im Originalzustand erhaltene Sternwarte von Don Milićević, der der letzte Mönch von Blaca und ein berühmter Astronom war. Seinem Observatorium gegenüber erhebt sich die Insel Hvar aus der Adria, nur durch einen engen Meeresarm von Brač getrennt.

Lavendelinsel Hvar

Dieses extrem schmale und langgestreckte Eiland wird auch als Lavendelinsel bezeichnet, denn im Frühsommer bedeckt sie ein lila leuchtender und betörend duftender Lavendelteppich. Ihre Üppigkeit und ihr mildes Klima verdankt sie der benachbarten Schwester Brač, deren hohen Berge sie vor der kalten Bora schützen.

Eine kleine, kurvige und reizvolle Straße schlängelt sich der Länge nach über den ganzen Inselrücken – zwischen Olivenhainen, Feigenbäumen, Weingärten und Kräuterwiesen, zwischen Lavendel-, Jasmin- und Gemüsefeldern. Vorüber an schlanken Zypressen geht es hinab zur Inselhauptstadt Hvar, die mit dem behaglichen Flair eines Kurorts der Jahrhundertwende gesegnet ist und als einer der charmantesten Orte der gesamten Adria gilt. Eine elegante Hafenpromenade, gesäumt von Palmen und mondänen Hotels, ziert ihre Seeseite, und der große Hauptplatz ist eingefasst von historischen Bauten: der romanischen Kathedrale Sveti Stjepan, dem Bischofspalast und dem venezianischen Arsenal, das einst als «Parkgarage» für die Handelsschiffe diente. Im Stockwerk darüber befindet sich das Theater von 1612, eines der ältesten Stadttheater ganz Europas und eine kulturhistorische Besonderheit ersten Ranges.

Durch enge Gassen, über steile Treppen und zwischen subtropischen Gärten hindurch, die in üppigem Blumenschmuck versinken, gelangen Sie hinauf zur Spanischen Festung. Umweht von Blumenduft, genießen Sie hier oben einen traum-

Bilder rechts und nächste beiden Seiten
Korčula auf Korčula
• Treppe zum Landtor; Altstadt-Innenhof
• Finstere, aber romantische Gasse mit Marco-Polo-Haus, in dem Marco Polo 1254 geboren worden sein soll
• Menschen- und Tierköpfe an der Kathedrale Sankt Markus und Gassenblick auf ihren Glockenturm

Sonnenuntergang an Korčulas Ostküste

haften Blick über die Stadt und hinaus aufs Meer und die Pakleni Otoci, die «Hölleninseln», die vor der Bucht von Hvar im Wasser liegen. Diese kleinen Eilande mit ihren herrlichen Wäldern, Sandstränden und Buchten zählen zu den schönsten Badeinseln der Adria. Der eher abschreckende Name darf nicht täuschen, denn «Hölleninseln» waren sie nur für die Kapitäne, die einen sicheren Weg durch das Gewirr der Felsen finden mussten.

Neben der Stadt Hvar ist das kaum vierhundert Einwohner zählende Küstendörfchen Jelsa der einzige richtige Touristenort der Insel, bekannt für die schönen Strände und den geschützten Hafen. Zwar säumen erstaunlich viele Restaurants und Cafés den Dorfplatz und die von Palmen beschattete Hafenpromenade, doch von hektischem Touristentrubel ist man hier weit entfernt. Das romantische, einst für seinen Schiffsbau berühmte Städtchen lebt im beschaulichen Langsamtakt. Und sogar noch verschlafener ist das benachbarte Vrboska.

Nur wenige Besucher verirren sich in dieses einfache Fischerdorf. Doch hinter seinen Häusern versteckt sich eine Sehenswürdigkeit, die einzigartig in der gesamten Adria ist: Die wuchtige Festungskirche Sveta Marija, ein hervorragend erhaltener Renaissancebau, der nach dem türkischen Angriff von 1571 errichtet wurde. Mit fünfzehn Meter hohen fensterlosen Mauern lässt der wehrhafte Bau kaum an ein Gotteshaus denken. Nur ein kleiner Glockenturm verrät, dass es sich tatsächlich um eine Kirche handelt.

Stadt Korčula in Sommerabendfarben

Marco-Polo-Insel Korčula

Doch nur mit wehrhaften Bastionen konnten sich die Küstenbewohner damals gegen Piraten und andere Eindringlinge behaupten. Auch die Hauptstadt der dritten Inselschwester Korčula ist daher von mächtigen Mauern umgeben – wie eine Taschenausgabe der weltberühmten Festungsstadt Dubrovnik. Mit Türmen und Zinnen schiebt sie sich weit in den schmalen Pelješki-Kanal hinaus, und jenseits des blauen Wassers erhebt sich schroff und doch anziehend schön der fast tausend Meter hohe Gipfel des Sveti Ilija.

Wegen seiner strategisch günstigen Lage am schmalen Pelješki-Kanal, durch den seit der Antike eine der am meisten befahrenen Handelsrouten der östlichen Adria führt, war Korčula ein oft und heftig umkämpfter Ort. Eine der blutigsten Schlachten vor seiner Küste war die Seeschlacht von 1298 zwischen Genua und Venedig. Den siegreichen Genuesen fiel dabei nicht nur die Stadt samt ihren Reichtümern in die Hände, sondern auch ein unbekannter venezianischer Seemann. In der Gefangenschaft brachte er abenteuerliche Reiseberichte zu Papier, die seinen Namen bis heute weltberühmt gemacht haben: Marco Polo.

Wenngleich es strittig und höchst zweifelhaft ist, dass der berühmte Weltreisende tatsächlich aus Korčula stammt, obwohl Venedig ihn entschieden für sich reklamiert, und trotz der Tat-

Zurück aufs Festland: Bucht um Bucht an der Makaraska-Riviera in Mitteldalmatien

sache, dass «ihr» Marco Polo erst 1520 in die Taufbücher eingetragen wurde – die Korčulaner lassen sich nicht daran hindern, einen romantischen Turm als Marco-Polo-Geburtshaus auszuschildern. Dass auch dieser Bau erst über zweihundert Jahre nach dem Tod des 1324 in Venedig verstorbenen Marco Polo erreichtet wurde, stört sie offenbar keineswegs. Sicher ist jedenfalls, dass der Marco-Polo-Turm von Korčula einen herrlichen Panoramablick über die Dächer der mittelalterlichen Stadt eröffnet.

Weltbekannt ist die malerische Festungsstadt für ihre spektakulären Moreška-Reiterspiele: Im Rahmen der Feierlichkeiten für den Stadtheiligen Sveti Theodor werden hier seit vierhundert Jahren wilde Säbeltänze dargeboten, bei denen in sechs akrobatischen Tanzformationen mit klirrenden Säbeln gefochten wird. In den riskanten Zweikämpfen streitet der (rote) König Osman um seine Braut Bula, die der (schwarze) Königssohn Moro entführt hat. Osman erringt den Sieg und gewinnt Bula zurück. Die Moreška wird während der Saison an verschiedenen Orten der malerischen Altstadtkulisse wiederholt. Kleinere Programmauszüge kann man den Sommer über öfter in der Grünanlage neben dem Hotel «Park» erleben.

Mosor-Küste und Riviera von Makarska

Sandstrände und bizarre Felsenküsten, bunter Ferientrubel und stille Buchten, die man nur zu Fuß oder mit dem Boot erreicht, klares Wasser und subtropische Robinson-Inselchen – die kroatische Küste bietet jedem seinen Traumstrand. Und zwischen den Badeparadiesen liegen malerische, alte Städte voll römischer, byzantinischer und venezianischer Baudenkmäler.

Rund sechstausend Kilometer lang ist die Küste des kroatischen Sonnenbalkons. Zu ihren schönsten Abschnitten zählt fraglos die Riviera von Makarska vor der weißen Karstwand des Biokovo-Gebirges. Während man sich sonst an der kroatischen Küste überwiegend auf Felsen sonnt, findet man hier auch lange Kies- und Sandstrände. Das Wasser ist glasklar, und die reiche Unterwasserwelt macht die Küste zu einem Eldorado für Taucher. Wer vom Strandleben genug hat, kann durch die schattigen Gassen alter Fischer- und Seeräuberstädtchen bummeln, Baudenkmäler besuchen oder auf einsamen Pfaden durch wilde Schluchten und schroffes Karstgebirge wandern.

Gleich südlich von Split verändert sich die Küstenszenerie rasch. Weiße Felswände rücken dicht an die Adria heran: zunächst das Omiško-, dann das Biokovo-Gebirge. Trotzdem ist diese Küste nicht so kahl und abweisend wie die Mondlandschaft der Velebit-Küste. Im Gegenteil! Palmen und mediterrane Gärten säumen paradiesische Badestrände. Malerische Fischerdörfer und Badeorte versinken im üppigen Grün mediterraner Pflanzenpracht. Den Küstensaum hinter den Dörfern bedecken grüne Pinienwälder und goldgelber Ginster, und direkt dahinter ragen die weißen Kalkfelsen in den blauen Himmel. Der Kontrast ist überwältigend!

Unmittelbar dem Meer entlang schlängelt sich die Adria-Magistrale nach Omiš an der malerischen Mündung der Cetina, deren grünes Wasser in einem engen Canyon aus den Kalkwänden hervorfließt. Rings umgeben von Felsen, Fluss und Meer, war das Städtchen schon immer eine natürliche Festung für Freibeuter, die es im Mittelalter zu einem wehrhaften Seeräubernest ausbauten. Mit ihren schnellen, wendigen Booten plünderten sie nicht nur byzantinische und venezianische Handelsschiffe, sondern machten auch vor den Schiffen der Kreuzfahrer nicht Halt. Doch 1444 brachten die Venezianer das Piratennest schließlich in ihren Besitz und machten es zu einem Bollwerk gegen die Türken.

Im Stadtteil Priko (von Split kommend, vor der Brücke links) hat sich bis heute das kleine Kirchlein Sveti Petar erhalten – nur etwa zehn Meter lang und sechs Meter breit, aber über tausend Jahre alt! Mit seinem Tonnengewölbe und einer Kuppel in der Mitte verkörpert es eine Mischung byzantinischer, westlicher und altkroatischer Einflüsse. Es ist wohl die am besten erhaltene Kirche dieser Art und ein Leckerbissen für kulturhistorisch interessierte Besucher.

Auch sonst hat Omiš viel zu bieten: An der Küste direkt vor dem Ort und westlich davon hat die Cetina flache Sandstrände angespült. Für Unterhaltung sorgen vielfältige Sportangebote und das Festival der dalmatinischen Klapa-Chöre. Hervorragende Wander-, Kletter- und Ausflugsmöglichkeiten bietet die Cetina-Schlucht. Fußwege, aber auch eine Teerstraße führen durch den wildromantischen Canyon zum beliebten Ausflugslokal «Radmanove Mlinice». Kurz danach steigt die Straße aus der Schlucht heraus und führt nach

Bild nächste Doppelseite
Im Mittelalter gefürchtet als Seeräubermacht: Omiš am Mosor-Gebirge in Mitteldalmatien

TVORNICA TJESTENINE CETINA · OMIŠ
TVORNICA TJESTENINE CETINA · OMIŠ

Zadvarje bei den fast fünfzig Meter hohen Gubavica-Wasserfällen.

Im Hinterland von Omiš, zwischen Split und Cetina-Mündung, erstreckte sich Jahrhunderte lang die freie Republik Poljica, die das rund 250 Quadratkilometer große Gebiet innerhalb der Cetina-Schleife umfasste, ein überwiegend karstiges Terrain im Mosor-Gebirge. Nur im Nordwesten gab es fruchtbares Land in zahlreichen kleinen Senken (Poljen), von denen sich der Name Poljica ableitet. Im Laufe des 12. und des 13. Jahrhunderts aus einem Kirchensprengel hervorgegangen, wurde diese Region zu einem autonomen Gebiet im Besitz der Omišer Familie Kačić. 1444 unterstellte es sich der Oberhoheit Venedigs, das ihm als freiem Fürstentum volle Autonomie gewährte. Mit dem Fall der Festung Klis geriet die Poljica 1573 bis 1699 unter türkische Herrschaft und stellte sich danach wieder unter den Schutz Venedigs. Erst zur Österreicherzeit wurde ihre Autonomie eingeschränkt und unter französischer Herrschaft 1807 schließlich ganz aufgehoben.

Südlich von Omiš klettert die Adria-Magistrale bald hoch hinauf in die weiße Karstwelt. Tief unter erblickt man malerische Buchten und an den Fels gedrängte Städtchen, deren Ziegeldächer sich vom dunklen Blau des Meeres abheben. Traumhaft ist der Ausblick über das klare Wasser der Vrulja-Bucht, auf dem weiße Jachten schwimmen, und die Sicht bis weit hinaus zu den Inseln Brač und Hvar.

Urlaub zwischen Fels und Meer

Mit diesem fulminanten Auftakt beginnt die Riviera von Makarska, die sich bis hinunter nach Gradac erstreckt. Früher hieß die Region einfach Primorje («Am Meer»). Als sie nach dem Zweiten Weltkrieg zu einem beliebten Urlaubsgebiet wurde, hat sich der Name Riviera von Makarska eingebürgert. Hier reiht sich ein Ferienort an den andern, wie Perlen einer Kette: Brela, Baška Voda, Makarska, Podgora, und wie sie alle heißen. Überall reichen die Pinienwälder bis an den Strand heran, so dass man zwischen Sonne und Schatten wählen kann. Und es sind alles Ferienorte, wie man sie sich wünscht: mit langen, feinen Kies- oder Sandstränden, Palmenpromenaden, üppiger Vegetation und zwanglos mediterraner Atmosphäre.

Viele der Küstenorte haben ein Pendant oben am steilen Gebirgshang. Alte Dörfchen, deren Häuser vom Boden bis zum Dach aus dem Kalkstein dieser Landschaft errichtet wurden. Das waren die Fluchtburgen der Bewohner, wenn Piraten wieder einmal die Küste unsicher machten oder wenn die Türken vorrückten. Manche sind auch heute noch bewohnt. Doch heute fliehen die Küstenbewohner nicht mehr vor Piraten dort hinauf, sondern vor der Sommerhitze und dem Touristentrubel.

Das erste Seebad ist das unterhalb der Küstenstraße gelegene und daher vom Verkehr nicht beeinträchtigte Brela, bekannt für seine langen Kiesstrände und seine Strandpromenade, für ein breites Sportangebot, sauberes Wasser und gute Hotels. Markenzeichen ist ein von Kiefern bewachsener Felsen nahe dem Strand, von dem man mehrere Meter tief ins Meer springen kann.

Wenige Kilometer weiter folgt schon der nächste Badeort, der 1684 um eine Quelle gegründet wurde und daher den Name Baška Voda («Sprudelndes Wasser») erhielt. Wie Brela ist er ein beliebtes Ziel der Badeurlauber, mit Pinienwäldern und einem langen Kiesstrand. Wander-

Bilder rechts und nächste beiden Seiten

Mitteldalmatien

• Die wildromantische Schlucht des Cetina-Flusses

• Felseninselchen bei Brela an der Makaraska-Riviera

• Stadt- und Strandbild von Makaraska mit dem Biokovo-Karstgebirge

pfade führen hinauf in das wilde Biokovo-Gebirge; ein bequemerer Spazierweg zieht sich direkt die Küste entlang zu dem traditionellen Fischerdorf Bratuš.

Durch ausgedehnte Pinienwälder senkt sich die Straße dann hinunter nach Makarska. Wie in einem riesigen Amphitheater schmiegt sich das schmucke Städtchen in eine Bucht an den Hängen des Biokovo-Gebirges. Seine weißen Steinhäuser leuchten im Licht der Sonne, davor glitzert verlockend das Meer, dahinter ragt als dramatische Kulisse der Gipfel des Sveti Jure in den Himmel. 1762 Meter ist er hoch, aber da er direkt an der Küste emporsteigt, wirkt er weit höher – und spektakulärer als mancher der höchsten Alpengipfel.

Die Makarska-Riviera ist ganz und gar Badeküste. Wer sich für Baukultur und alte Städte interessiert, der ist zwischen Zadar und Split besser aufgehoben – oder wieder in Dubrovnik. Doch Abwechslung bietet auch die Makarska-Küste: Wer vom Strandleben genug hat, der kann in die Biokovo-Berge hinaufwandern. Ein markierter Pfad zum Gipfel des Sveti Jure beginnt gleich am Ortsrand. Dort oben gibt es ein Naturschutzgebiet mit zahlreichen Wildblumen, und wenn man Glück hat, kann man sogar Gämsen oder Mufflons beobachten.

Panorama – aber nur für Schwindelfreie

Wer will, der kann die wilde Bergnatur selbst mit dem Auto erreichen. Aber er sollte dann schon schwindelfrei und ein sicherer Fahrer sein, denn die Biokovo-Panoramastraße hinauf zum Sveti Jure ist wahrhaft abenteuerlich. Gegenüber von Makarska beginnt sie als eine landschaftlich höchst reizvolle Teerstraße, die bis Gornji Tučepi (rund acht Kilometer) problemlos zu befahren ist. Dahinter setzt sie sich dann als eine etwa zwanzig Kilometer lange Mautstrecke fort, die sich in schwindelerregenden Serpentinen steil empor zum Kamm des Gebirges hinaufwindet. Dort erreicht man (rund fünfzehn Kilometer von Makarska entfernt) die traumhaft gelegene bewirtschaftete Berghütte «Vrata Biokova», die allemal eine Rast wert ist. Weiter folgt die Panoramastraße dem Kamm und erklimmt schließlich am Rand des Biokovo-Naturparks den Sveti Jure fast bis zum hohen Gipfel.

Diese Panoramastraße ist die höchstgelegene Straße Kroatiens, und der Sveti Jure ist der höchste Gipfel des gesamten Küstengebirges. Auch die Mautstraße ist zwar prinzipiell gut zu befahren, allerdings definitiv nichts für empfindliche Gemüter: Streckenweise windet sie sich in engen Kehren an nahezu senkrechten Felswänden empor, und an kritischen Stellen fehlt oft jegliche Absicherung, so dass man frei über den Abgrund blickt – tausend Meter in die Tiefe! Tatsächlich atemberaubende Ausblicke!

Die Gebirgswelt westlich des Sveti Jure ist zugleich eines der schönsten und ursprünglichsten Wandergebiete Kroatiens. Wegen ihrer einzigartigen Pflanzenwelt mit über zweitausend Arten, wegen ihrer Karstphänomene und wegen ihrer grandiosen Landschaft wurde sie als Biokovo-Naturpark unter Schutz gestellt. Markierte Wanderwege führen unter anderem von Makar und Veliko Brdo (drei Kilometer nördlich von Makarska) bis zum Gipfel des Sveti Jure hinauf (Aufstieg etwa fünf Stunden). Bequemere und ebenfalls sehr schöne Spaziergänge und Wanderungen kann man von der Berghütte «Vrata Biokova» aus unternehmen, von der ein alter Karrenweg fast ohne Steigung durch die malerische Bergwelt führt.

Ebenfalls bei dem Bergweiler Veliko Brdo liegt das «kroatische Lourdes». Kleine Höhlen und Grotten an der Ostflanke des Berges Brdo dienten den Bewohnern seit Jahrhunderten als Schutz und Zuflucht. Die eindrucksvollste davon ist die Vepric-Höhle, in der Bischof Carić 1908 eine Wall-

Gemüsefelder im fruchtbaren Neretva-Delta, Mitteldalmatien

fahrtsstätte der Madonna von Lourdes gründete. Diese Pilgerstätte, komplett mit Kapelle, Kreuzweg, Exerzitienhaus und Prozessionsweg, ist einer der meistbesuchten Wallfahrtsstätten der Küste. Große Prozessionen finden am 11. Februar, am 25. März, am 15. August und am 7. und 8. September statt.

Als nächste Perle hinter Makarska folgt der Badeort Tučepi mit Kiefernwäldern, die bis an die Küste reichen, einer Marina und einem kilometerlangen Sand- und Kiesstrand. Sehenswert ist die romanisch-gotische Kirche Sveti Jure (12./13. Jahrhundert) im alten Zentrum. Daneben befindet sich ein archäologischer Park mit Resten einer römischen Villa Rustica, eines spätantiken Oratoriums, einer mittelalterlichen Kirche und eines Klosters. Ins Grün der Küstenwälder eingebettet, folgen kurz dahinter Podgora mit Badestrand und vielfältigem Freizeitangebot sowie Igrane, ein kleinerer und ruhigerer Badeort mit Kiesstrand und barockem Landhaus. Das wohl bedeutendste Kulturdenkmal der Riviera von Makarska ist die archaische Kirche Sveti Mihovil (12./13. Jahrhundert) mit ihrem vorromanischen Tonnengewölbe auf einem Hügel über dem Ort.

Dreißig Kilometer hinter Makarska erreicht man schließlich Drvenik, den Fährhafen für Sućuraj auf Hvar, mit einigen schönen Sandbuchten. Südlichster Ort der Makarska-Riviera ist schließlich Gradac mit einem der schönsten und längsten Strände ganz Dalmatiens, der sich südlich des Hafens in der Bucht Gornja Vala erstreckt.

Welch einen Kontrast dazu bildet die gesichtslose Industrie- und Hafenstadt Ploče, von der man mit Fähren zur Halbinsel Pelješac gelangt. Lohnende Ziele in der Umgebung sind der Baćinska-See mit reichem Fischbestand und das Neretva-Delta, eine amphibische Landschaft aus Wasser, Sumpf und fruchtbarem Ackerland. Erst in jüngerer Zeit wurden die Sümpfe trockengelegt und in üppige Gemüsegärten verwandelt.

Doch noch immer ist das Delta ein Paradies für zahlreiche Vogelarten, und noch immer fährt man die Ernte hier nicht mit dem Wagen, sondern mit kleinen Kähnen ein. In ein rundes Dutzend Arme gabelt sich der Fluss in diesem Delta auf, die durch zahllose Kanäle weiter aufgegliedert werden. Den schönsten Blick über die strahlenförmig auf einen Felshügel zulaufenden Felder und Kanäle genießt man von der Adria-Magistrale herab, dort wo sie südlich des Deltas wieder den Hang erklimmt.

Jahrhunderte lang war das unwegsame Sumpfland Machtzentrum der berüchtigten Neretvaner, eines slawischen Stammes gefürchteter Seeräuber. Bis hinauf nach Omiš dehnte sich ihr Reich Paganien im 9. bis 14. Jahrhundert, und zeitweise umfasste es auch die Inseln Brač, Hvar, Korčula und Mljet. Ende des 14. Jahrhunderts zerfiel ihre Macht, und schließlich konnte sich die Markusrepublik das Piratenreich einverleiben.

Grenzkuriosum

Wenig weiter folgt als politisches Kuriosum der Korridor von Neum, denn hinter dem winzigen Badeort Klek endet für acht Kilometer das Territorium Kroatiens. Staatsrechtlich gehört dieser schmale Meereszugang mit seinen riesigen Hotels und Villen zur Republik Bosnien-Herzegowina, touristisch und praktisch gesehen aber zu Kroatien. Man bezahlt mit Kuna und klebt kroatische Marken auf seine Ansichtskarten. Wäre da nicht am Straßenrand ein Container mit Uniformierten, so würde man den Grenzübertritt gar nicht bemerken.

Wie aber kam es zu diesem Kuriosum? Bereits im 17. Jahrhundert hatte die Republik Ragusa (siehe Kapitel Dubrovnik) diesen Korridor den Osmanen überlassen – mit dem Hintergedanken, dadurch eine schützende Pufferzone zu den venezianischen Gebieten zu gewinnen. Als nach dem Zweiten Weltkrieg die Grenzen der jugoslawischen Teilrepubliken festgelegt wurden, blieb der Korridor bestehen und verschaffte Bosnien-Herzegowina einen schmalen Zugang zum Meer, der auch 1995 im Abkommen von Dayton erhalten blieb. Zu sozialistischer Zeit hat sich die Politprominenz hier ihre Sommervillen errichtet, neben riesigen Hotelburgen für die zweite Garnitur.

Augenfälliger und deutlicher sichtbar befestigt ist wenige Kilometer weiter der Zugang zur Halbinsel Pelješac – obwohl hier seit Jahrhunderten keine politische Grenze mehr verläuft. Doch nachdem die damals mächtige Republik Ragusa diese Halbinsel 1333 erobert und zu ihrem Vorposten gemacht hatte, da riegelte sie den schmalen Landzugang mit der längsten Verteidigungsmauer Europas ab. Wie eine Kleinausgabe der Chinesischen Mauer zieht sie sich fünf Kilometer lang quer über die schmale Landverbindung der Beinahe-Insel – verstärkt durch Türme, Bastionen und ein Kastell.

Auch das malerische Städtchen Veliki Ston am Südende dieses Riegels ist ganz von einer Mauer umgeben, die fast einen Kilometer lang ist. 1996 hat der kleine Ort unter einem schweren Erdbeben gelitten. Bis heute ist man dabei, die Schäden an seinen zahlreichen historischen Bauwerken zu beheben.

Nahezu unversehrt blieb damals das nur fünf Kilometer entfernte Mali Ston am anderen Ende der Mauer. Es ist bekannt für seine Austernzucht und für das Restaurant «Villa Koruna», in dem man neben frischen Austern eine schier endlose

Hafen von Orebić auf der Halbinsel Pelješac in Mitteldalmatien

Fülle köstlicher Meeresfrüchte genießen kann. Dahinter erstreckt sich maximal sieben Kilometer breit, aber siebzig Kilometer lang die nach Istrien größte Halbinsel Kroatiens. Ihr schmaler und gebirgiger Landrücken ist weitgehend menschenleere Wildnis mit rauen Felsen und knorrigen Kiefern. Im kargen Inneren weiden Schafe und an der Küste werden Austern gezüchtet und wird Salz gewonnen.

Durch fruchtbare Täler und hohe Berge zieht sich die Straße über die gesamte Länge der Halbinsel – einmal durch karstige Macchia, dann durch üppige Olivenhaine, Obstgärten und Gemüsefelder, durch die Rebgärten und die Hänge entlang, an denen die berühmten Weine der Halbinsel reifen: die schweren Rotweine Dingać und Postup, der trockene Potomje und der lieblichere Pelješac, den es als Rot- und als Weißwein gibt.

In Dubrava zweigt links die Straße zu dem ruhigen kleinen Badeort Žuljana mit Sand- und Kiesbuchten ab. An einer weiten von zahllosen Inseln durchsetzten Bucht der Austernzüchter vorüber, zieht sie sich um das weite Potomje-Becken herum und klettert dann den schroffen, streckenweise fast alpinen Bergrücken hinauf. Rechts geht es durch reizvolle Berglandschaft hinab nach Trpanj, wo die Fähren von Ploče anlegen. Links kurvt man in steilen Serpentinen zur Südküste hinunter, mit herrlichem Blick auf die Trstenica-

Weitere Ansicht von Orebić mit dem Berg Sv. Illja

Bucht m it einem der schönsten Sandstrände Dalmatiens und auf die weißen Karsthänge des Sveti Ilija (961 Meter), von dem man bei klarem Wetter bis nach Italien hinübersieht.

An den Fuß des Sveti Ilija schmiegt sich das malerische Städtchen Orebić (1500 Einwohner), benannt nach einer Kapitänsfamilie des 16. Jahrhunderts, die den Ort gegründet und befestigt hat. Die Hafenstadt ist das touristische Zentrum der Halbinsel – ein wahres Schmuckstück mit üppigen subtropischen Gärten und den Villen der pensionierten Adriakapitäne. An die große Vergangenheit als Seehafen mit einst 33 eigenen Großseglern erinnert das Seefahrtmuseum mit Seekarten, Navigationsgeräten und Schiffsmodellen. Herrlich ist aber auch ein Bummel unter den alten Palmen entlang der Uferpromenade und durch die schattigen, von verschwenderischer Blumenfülle gesäumten Pflastergassen.

Vom westlichen Ortsende führt ein steiler, aber lohnender Teerweg hinauf zum Franziskanerkloster aus dem 15. Jahrhundert, dessen rotes Dach über gelbe Ginsterhänge emporragt. Die schlichte kleine Loggia vor der Kirche bietet Schatten und einen grandiosen Blick hinüber nach Korčula. Und auf einem Fußpfad kann man von hier aus – gute Kondition vorausgesetzt – in etwa vier Stunden den Gipfel des Sveti Ilija erreichen, an dessen wilden Hängen noch Mufflons und Schakale leben.

Region Dubrovnik

Ganz im Süden Dalmatiens wird der kroatische Küstensaum immer schmaler. Und gleich droben auf dem steilen Grat verläuft die Grenze zu Bosnien-Herzegowina – stellenweise keinen Büchsenschuss vom Wasser entfernt. Nur der Küstenstreifen selbst ist kroatisch – und natürlich die vielen vorgelagerten Inseln.

So weit nach Süden kommen Besucher hauptsächlich wegen der weltberühmten Hafenstadt Dubrovnik, die sich vom Meer umspült auf einem Felsen erhebt und mit mächtigen Mauern befestigt ist. Doch neben diesem einstigen Bollwerk bietet Süddalmatien auch weitere Ferienziele an der Küste, subtropische Naturparadiese auf den Elaphiten-Inseln mit ihrer üppigen Vegetation und historischen Bauwerken sowie den paradiesischen Nationalpark der Insel Mljet.

Die geschichtsträchtige Hafenstadt Dubrovnik ist der herausragende Touristenmagnet an Kroatiens Küste. Gerühmt als «Perle der Adria», ist die alte Stadt mit ihren zyklopischen Mauern und mittelalterlichen Kirchen, Klöstern und Patrizierpalästen ein Gesamtkunstwerk und Kulturdenkmal, das in Europa seinesgleichen sucht. Die sichtbaren Wunden des serbischen Beschusses sind längst geheilt, und das Weltkulturerbe zeigt sich wieder in seiner ganzen Pracht. Mit kulturhistorischen Schätzen von Weltrang und mediterranem Charme ist die Festungsstadt ein äußerst faszinierendes Reiseziel und zugleich Sprungbrett zu den subtropischen Naturparadiesen der süddalmatinischen Inseln.

Als die Awaren 605 die blühende Römerstadt Epidaurum (heute Cavtat) eroberten, flüchteten die wenigen Überlebenden auf einen steil aus dem Meer aufragenden Felsen vor der Küste. Sie nannten ihre neue Heimat Rausa oder Ragusa, was sich vermutlich von *lausa*, dem griechischen Wort für «Fels» ableitet. Ihrer Stadt gegenüber siedelten sich am Fuße des Berges Srd die Slawen an und nannten den Ort Dubrava (nach d*ubr*, dem slawischen Wort für «Eiche»). Beim Verfall des Oströmischen Reichs festigte sich die Machtposition der autonomen Stadtrepublik, und 1150 beschlossen die Bürgerräte, den Meereskanal zuzuschütten und sich mit dem slawischen Dubrava zu vereinen.

Durch geschickte Diplomatie gelang es den Ragusanern, ihre ökonomisch günstige, strategisch jedoch höchst prekäre Lage am Schnittpunkt zwischen Orient und Okzident auszunutzen, indem sie sich zum Mittler zwischen den konkurrierenden Kräften machten. Selbst als Venedig 1204 Byzanz eroberte und Ragusa unter venezianische Herrschaft geriet, gelang es der Handelsmetropole, sich beträchtliche Freiheiten zu bewahren, die sie 1358 im Staatenverbund des Kroatisch-Ungarischen Reiches sogar noch ausweiten konnte.

Mit dem Zerfall des Königreichs wurde Ragusa 1526 zu der mit allen Attributen staatlicher Souveränität ausgestatteten «Freien Stadtrepublik Ragusa». Ihre Blütezeit währte bis ins 17. Jahrhundert, und ihr Stadtbild wurde durch venezianische Kirchen und Paläste geprägt. Den wirtschaftlichen Erfolg Ragusas sicherte ein Ausbau des Handels. Ihre militärische Bedeutung wuchs durch die ständig verstärkten Befestigungen und den Aufbau einer mächtigen Flotte. Und ihre wissenschaftliche und künstlerische Dominanz verdankt die Stadt ihrem liberalen Geist und einer gezielten Förderung.

Bild nächste Doppelseite

Dubrovnik, 1400 Jahre alt: Blick von der Stadtmauer über die Dächer der Altstadt

Bollwerk zwischen Orient und Okzident

Niemandem ist es je gelungen, die monumentalen Bollwerke von Dubrovnik einzunehmen. So war es übermenschlichen Kräften vorbehalten, den strahlenden Stern fast zum Erlöschen zu bringen. Am Morgen des 6. April 1667 ließen sie ganz Ragusa erzittern: Ein katastrophales Erdbeben verwüstete die Stadt und vernichtete ihre Kunstschätze. Nur etwa zwei Prozent der rund 20 000 Einwohner überlebten das Desaster. Die drastisch dezimierte Einwohnerschaft baute die Stadt zwar exakt nach den alten Plänen wieder auf – doch ihren alten Glanz hat sie danach nie wieder erreicht. 1808 fiel alle Regierungsgewalt an Napoleons Statthalter, die stolze Stadtrepublik erlosch. Ihren alten Namen Ragusa behielt sie auch als Teil des Österreichisch-Ungarischen Königreichs bis zum Jahr 1918.

Erst danach bezeichnete sich die Stadt mit ihrem slawischen Namen. Als die Serben Dubrovnik 1991 vom Berg Srd herunter mit Granaten beschossen, drohte der Untergang eines einzigartigen Kulturerbes. Doch die Schäden hielten sich in Grenzen; heute – 15 Jahre später – ist praktisch nichts mehr davon zu sehen.

So gleicht die ganze Altstadt einem großen historischen Museum. Eindrucksvoller könnte der Eintritt in das historische Herz von Dubrovnik kaum sein als durch das gewaltige Pile-Tor an der Nordseite, über dem wie seit einem halben Jahrtausend die Statue von Sveti Vlaho (St. Blasius) wacht, dem Schutzheiligen der Stadt. Durchschreitet man das Tor, gelangt man in eine andere Welt. Aus dem Verkehrschaos des Brsalje-Platzes wechselt man in ein autofreies Idyll, das jedem Historienfilm als Kulisse dienen könnte.

Breit und schnurgerade schneidet die Schlagader der Placa (oder Stradun) genannten Pflasterstraße durch das historische Ensemble und markiert den Verlauf des einstigen Kanals, der die Felsinsel vom Festland trennte. Alle Gebäude entlang dieser Flaniermeile sind aus demselben gelbweißen Stein erbaut, mit dem der Boulevard auch gepflastert ist. Trotz hochsommerlicher Trockenheit glänzen die großen Steinplatten, als wäre soeben ein heftiges Sommergewitter auf sie herabgeprasselt. Millionen von Füßen haben sie in vielen Jahrhunderten zu einem glatten und glänzenden Fußboden poliert.

Gleich hinter dem Pile-Tor erreicht man den von einer schmucken Kuppel gekrönten Großen Onofrio-Brunnen, das Werk des aus Neapel stammenden Baumeisters Onofrio de la Cava, den die Stadt 1435 holte, um den durch die Explosion der Pulverkammer zerstörten Rektorenpalast wieder zu errichten. Heute ist der Brunnen ein beliebter Treff der Dubrovniker Jugendszene.

Neben dem Pile-Tor führt eine steile Treppe hinauf zum Wehrgang der Stadtmauer und zum Minčeta-Turm, von dem sich einer der schönsten Blicke auf die Altstadt eröffnet. Nördlich des Stradun zieht sich das alte Dubrava mit engen Gassen und steilen Treppen am Fuß des Berges Srd empor. Auf der Meerseite dehnt sich das alte Ragusa, dessen strenge Geometrie sich nach Südwesten hin im ältesten Viertel allmählich auflöst.

Geht man vom Minčeta-Turm auf der abfallenden Mauer über das Pile-Tor hinweg, erreicht man das Fort Bakar, das die Nordwestseite der Altstadt bewacht. Ihm gegenüber ragt jenseits einer kleinen Hafenbucht die Festung Lovrijenac auf, über deren Eingangstor der Wahlspruch von Ragusa eingemeißelt ist. *Non bene pro toto auro libertas venditur* («Nicht für alles Gold wird die Freiheit verkauft»).

In südlicher Richtung geht es über die mit dem Fels verwachsene, lotrecht ins Meer abstür-

Bilder rechts und nächste beiden Seiten

- **Nah- und Fernblick auf das traumhaft gelegene Dubrovnik mit dem Wald- und Klosterinselchen Lokrum**
- **Auf der begehbaren Stadtmauer**
- **Vorfestung Lovrijenac; Alter Stadthafen**

zende Mauer bis zum St.-Margarethen-Turm. Wie der gewaltige Rammsporn eines Kriegsschiffs schiebt sich das Fort Sveti Ivan in die Adria hinaus und bewacht die Einfahrt in den Alten Hafen. Hier informiert das Schifffahrtsmuseum mit historischen Modellen und maritimen Exponaten über die Geschichte der See- und Handelsmacht. 1997 wurde im Erdgeschoss der Festung ein Aquarium eröffnet, das die Vielfalt der adriatischen Flora und Fauna zeigt.

Geschaffen hat dieses monumentale Bollwerk der «Festung Dubrovnik» der geniale Architekt Juraj Dalmatinac, der die Stadt Mitte des 15. Jahrhunderts mit Finanzhilfe des Vatikans als äußersten Vorposten des Christentums gegen den türkischen Balkan ausbaute. Bis zu 25 Meter hoch und 6 Meter mächtig türmen sich die Felsquader der Mauern. Fünfzehn Wehrtürme und vier Bastionen ergänzen die Anlage.

700-jährige Apotheke

Zwischen der kleinen Erlöserkapelle Sveti Spas am Pile-Tor und der an den Stradun grenzenden Klosterkirche führt eine schmale Gasse zum Franziskanerkloster. Der kurze Abstecher zu dieser 1317 gegründeten Festung des Glaubens lohnt sich gleich mehrfach. Einerseits bietet der herrliche Kreuzgang mit filigranen Doppelsäulen und maskenverzierten Kapitellen ein eindrucksvolles Zeugnis mittelalterlicher Steinmetzkunst. Andererseits ist der stille Innenhof mit Orangenbäumen und Oleander ein üppig blühender Garten, in dessen sakraler Aura man das faszinierende Spiel von Licht und Schatten zwischen den Säulenreihen genießen kann. Vom einstigen Reichtum zeugen im Klostermuseum wertvolle Handschriften, antiker Goldschmuck, Messgewänder und italienische Meister. Zu den größten Kostbarkeiten zählt jedoch die seit 1317 unverändert erhaltene Klosterapotheke, eine der ältesten der Welt.

An der zum Stradun hin liegenden Fassade der Franziskaner-Klosterkirche entdeckt man rechts neben dem prachtvollen Portal einen in Kniehöhe aus der glatten Wand ragenden Reliefkopf. Wer den nicht ganz einfachen Balanceakt schafft, mit beiden Beinen und ohne sich festzuhalten auf der schmalen Fläche des Kopfes zu stehen, dessen Wunsch geht in Erfüllung, heißt es. Die Dubrovniker schwören jedenfalls auf ihren Wunschkopf, der – wie die starke Abnutzung zeigt – seit Generationen rege genutzt wird. Leicht ist der Balanceakt nicht, aber einen Versuch ist es auf jeden Fall wert!

Jenseits des Onofrio-Brunnens erhebt sich die direkt an die Stadtmauer angefügte Klarissinnenabtei, das Spiegelbild zur mönchischen Männerwelt diesseits des Stradun. Im Jahr 1472 wurde dort das erste Waisenhaus Europas eröffnet. Nun lockt im stillen, von Säulen eingefassten Innenhof ein lauschiges Café den Besucher. Folgt man weiter dem Stradun, gelangt man – vorüber an Geschäften, Läden und Cafés – ins Herz der Stadt: auf den weiten Placa Luža. Seit der Antike ist dieser Platz das Zentrum allen städtischen Lebens. «Gelebt wird auf dem Placa, gestorben wird zu Hause», lautet ein Dubrovniker Sprichwort.

Seine Mitte markiert das mittelalterliche Symbol der freien Handelsstadt, eine große Rolandsäule. Rechts am Platz führt eine breite Freitreppe hinauf zur verspielten venezianischen Barockkirche Sveti Vlaho. Daneben ragt der 31 Meter hohe, schlanke Uhrturm (1444) auf, an dessen Fuß der Kleine Onofrio-Brunnen plätschert, der seinen filigranen Zierrat bis heute bewahrt hat. Links neben dem Uhrturm öffnet sich in der

Bilder rechts und nächste beiden Seiten

In Dubrovnik, bis 1918 Ragusa genannt

• Kreuzgang und Apotheke (seit 1317 unverändert!) des Franziskanerklosters

• Engste, aber romantische Altstadtgässchen

• Säulenpracht am und im Rektorenpalast (ab 1388)

Stadtmauer spitzbogig das kleine Seetor hinaus zum Alten Stadthafen.

Direkt am Placa erheben sich als «weltliche Dreifaltigkeit» die repräsentativen Sitze der drei tragenden Säulen Ragusas: Kaufleute, Ratsherren und Kirche haben hier ihre Macht in Stein verewigt. Dem Seetor schließt sich landwärts der stattliche Sponza-Palast (erbaut 1516–1522) an, dessen Fassade Elemente der Spätgotik und Renaissance harmonisch vereint. Er ist eines der wenigen Bauwerke, die das Erdbeben von 1667 überstanden haben. Ursprünglich als Münze und Warenlager errichtet, diente er später als Zollamt und Gefängnis. Im Arkadenhof befand sich das Handelszentrum Ragusas.

Dort, wo einst die große Hauptwaage stand, ist der Kodex der Kaufleute eingemeißelt. *Fallere nostra vetant et falli pondera, meque pondero cum merces, ponderat ipse deus* («Betrug und Falschmünzerei seien ferne; was wir wiegen und messen, wird auch von Gott gewogen»). Darüber wacht an der Palastfassade der Stadtheilige St. Blasius persönlich. Sein «Amtssitz» ist die venezianisch barocke Kirche an der Westseite des Platzes, die einstige Ratskirche.

Wirtschaft und Politik haben schon von jeher gern geklüngelt. Das ist nichts Neues. Dass dies in Ragusa schon vor Jahrhunderten so war, zeigt der Ratspalast, der sich nur wenige Schritte vom Sitz der Händler entfernt erhebt – und der bis heute als Rathaus dient. Direkt daneben erstreckt sich der Rektorenpalast mit seiner prachtvoll verzierten, von fünf Säulen getragenen Renaissanceloggia und dem Arkadeninnenhof. Über dem Portal liest man die dritte Maxime der Stadtrepublik: *Obliti privatorum, publica curate* – «Vergesst den Privatkram, sorgt für die Öffentlichkeit!»

Auch die dritte Macht ist hier nicht fern: die Kirche. Schlicht, aber monumental die kuppelüberspannte Kathedrale Sveta Gospa, die der Legende nach eine Stiftung von Richard Löwenherz sein soll. Sie wurde beim Erdbeben 1667 zerstört und danach im barocken Stil neu errichtet. Der Bau beeindruckt durch die kolossale Raumwirkung seines schlichten Inneren. Die Schatzkammer birgt eine ungewöhnlich reiche Sammlung von 138 Reliquien, darunter eine Hand- und eine Schädelreliquie des Stadtheiligen St. Blasius. Und gleich dahinter führen verwinkelte Gassen in den ältesten Kern der Stadt, in den sich selbst zur Hauptsaison nur wenige Fremde verirren.

Aufbau dank Jesuiten

Über eine prachtvolle Barocktreppe gelangt man vom Bunič-Platz hinauf zur Jesuitenkirche Sveti Ignacijo. Jesuitische Architekten haben das vom Erdbeben zerstörte Dubrovnik exakt nach den alten Plänen wieder aufgebaut. Nur hier, an der höchsten Stelle der Altstadt, sind sie von den Originalplänen abgewichen – um Platz für ihre Kirche zu schaffen. Nach den Plänen des römischen Baumeisters Andrea Pozzo entstand dort zwischen 1699 und 1735 eine der größten Barockkirchen Dalmatiens. Die Stelle ist nicht zufällig gewählt: Hier ragt die Kirche für jedermann sichtbar über alle anderen empor und unterstreicht den Führungsanspruch der Jesuiten.

Steigt man nicht die Barocktreppe hinauf, sondern biegt davor in die Stosmajerova, so kommt man zu den alten Getreidespeichern der Stadt. Im größten der insgesamt fünfzehn in den Fels gemeißelten Vorratssilos hat sich das Ethnografische Museum eingerichtet, das einen Einblick in das

Bilder rechts und nächste Doppelseite
Altstadtbrunnen und -leben in Dubrovnik
• Kleiner Onofrio-Brunnen; Großer Onofrio-Brunnen (16 Hähnen!) von oben und unten gesehen; Brunnen im Klarissinnen-Kloster
• Luža-Platz: Tor zum Platz; reges Nachtleben; Uhrturm und Barockkirche Sankt Blasius (Vlaho, 1715) nachts

Sauberes Meer bei Cavlat südöstlich von Dubrovnik

ländliche Leben und die bäuerliche Architektur Süddalmatiens von der Antike bis zum Mittelalter gewährt.

Wenngleich die Glanzzeiten der Handelsmacht und Festung Ragusa längst verblasst sind, ihre magische Kraft hat die Stadt bis heute nicht verloren. Jahr für Jahr zieht sie Tausende von Besuchern in ihren Bann. Und Ragusa-Dubrovnik erstrahlt wieder in alter Pracht!

Weitere Küstenorte und das Konavle-Tal

Wer dem städtischen Trubel Dubrovniks entfliehen will, der nimmt vom Alten Hafen das Taxiboot zu Dubrovniks Sommerfrische, der winzigen Insel Lokrum. «Schon beim Betreten von Lokrum begibst du dich in ein Geheimnis. Denn Lokrum ist verzaubert», schrieb der dalmatinische Dichter Luko Paljetak. Die kleine Insel dicht vor Dubrovnik ist ein zauberhaftes Natur- und Waldreservat und beliebtes Ausflugsziel der Stadtbewohner. Bei auswärtigen Besuchern hingegen ist die Insel bislang wenig bekannt.

Und doch locken hier nicht nur zauberhafte Badebuchten (auch FKK) und idyllische Spazierwege, sondern zudem ein 1023 gegründetes Benediktinerkloster (heute Museum mit Restaurant) inmitten eines wunderbaren Klosterparks sowie der Botanische Garten voll exotischer Pflanzen, das Fort Royal mit fantastischer Aussicht und ein 1859 vom damaligen Inselbesitzer Erzherzog

Ferdinand von Habsburg errichtetes Schlösschen. Eine der Hauptattraktionen ist jedoch das «Tote Meer», ein flacher Salzsee, der sich für Kinder als paradiesischer Badeplatz anbietet.

Etwa fünfzehn Kilometer südlich von Dubrovnik, auf einer bewaldeten Halbinsel jenseits der Bucht Župski zaljev, liegt das Ferien- und Gartenstädtchen Cavtat, besser bekannt unter seinem antiken Namen Epidauros. Die malerische Altstadt, luxuriöse Hotels, eine traumhafte Promenade, schöne Strände und Kulturdenkmäler haben den Ort zu einer Touristenattraktion ersten Ranges gemacht. Nach 1991 ist es hier etwas ruhiger geworden – und um so idyllischer. Am nordöstlichen Beginn der Uferpromenade steht der Rektorenpalast, hinter dessen schmucker Renaissancefassade von 1558 sich heute das Stadtmuseum befindet.

Wenige Schritte weiter erhebt sich die spätmittelalterliche Bischofskirche Sveta Nikola, die nach Erdbebenschäden 1732 ein barockes Äußeres und einen neuen Turm erhielt. Und am jenseitigen Ende der Promenade erreicht man das Franziskanerkloster mit seiner Kirche Gospa od snijega («Schneemadonna»), die Elemente der Gotik und der Renaissance vereinigt.

Von Cavtat nach Südosten erstreckt sich zwischen bewaldeten Küstenbergen und dem 1243 Meter hohen Snježnica-Massiv bis zur Bucht von Kotor das zwanzig Kilometer lange Konavle-Tal (Konavosko Polje), das wegen seiner zahlreichen Zypressen, Olivenhaine und Weinberge sowie wegen seines milden Klimas als die «Toskana Dalmatiens» bezeichnet wird. Dieses fruchtbare Tal im Südzipfel Dalmatiens ist dafür bekannt, dass dort alte Bräuche und Feste bis heute gepflegt und gelebt werden.

Besonders gerühmt wird auch seine traditionelle Küche. Die wohl beste Möglichkeit, deren Köstlichkeiten kennen zu lernen, bietet das Restaurant «Konavski dvori» in einer alten Mühle am romantischen Wildbach Ljuta (etwas nördlich des Hauptortes Gruda). Ausgezeichnete Lammgerichte und frische Forellen werden dort von hübschen jungen Frauen in Tracht aufgetischt. Prähistorische Tumuli und römische Ausgrabungen (zum Beispiel Theater und Mosaiken in Molunat und die Nekropole bei Pridvorje) bezeugen, dass die fruchtbaren Böden schon in früher Zeit genutzt wurden. Einziger Badeort ist Molunat, das zwischen zwei Buchten im südlichsten Zipfel Dalmatiens liegt.

Etwa zwanzig Kilometer nördlich von Dubrovnik liegt an der Küstenstraße der kleine Ort Trsteno, berühmt für seinen rund drei Hektar großen Renaissancepark Gutečić. Die herrliche Parkanlage, in die eine prunkvolle Renaissancevilla eingebettet ist, wurde bereits 1502 angelegt und später durch Wasserspiele und künstliche Ruinen ergänzt. Im Krieg von 1991 sind leider einige der uralten und teilweise seltenen Bäume durch Feuer beschädigt oder ganz verbrannt worden.

Der Elaphiten-Archipel: Smaragde im Blau der Adria

Die Inselgruppe der Elaphiten umfasst insgesamt dreizehn Inselchen, von denen nur die drei größten, Šipan, Lopud und Koločep, bewohnt sind. Griechen besiedelten den Archipel und gaben ihm seinen Namen, der sich von *elaphos* («Hirsch») ableitet. Im 11. Jahrhundert kamen die Inseln zu Ragusa, und im 15. und 16. Jahrhundert errichteten sich Adel und Klerus hier ihre Sommersitze. Heute sind die Elaphiten ein gefragtes Ziel Ruhe suchender Naturfreunde.

Die autofreien Eilande mit subtropischer Vegetation sind bisher wenig besucht und bieten romantische Sandstrände und Buchten, die selbst im Sommer nicht überlaufen sind. Und die wenigen kleinen Fischerdörfer konnten sich ihr beschauliches Flair bewahren und haben fast musealen Charakter. Zu den drei größeren Inseln verkehren von Dubrovnik aus regelmäßig Personenfähren.

Koločep, die mit 2,4 Quadratkilometern und 150 Einwohnern kleinste bewohnte Insel des Archipels, ist nur sieben Kilometer von Dubrovnik entfernt. Kalamota (von *kalos*, «schön») nannten sie die Griechen und Calaphodia die Römer. Die beiden Kalkberge des von jahrhundertealten Wäldern aus Aleppokiefern bedeckten Eilands fallen an der zerklüfteten Südküste vierzig Meter steil ins Meer ab, während sie im Norden und Osten zu Terrassen gestuft sind.

Zwischen den Bergzügen dehnt sich ein fruchtbares Tal mit Obstgärten. Die beiden Ortsteile Gornje und Donje Čelo sind von herrlich verwilderten, exotischen Parks und geschützten Sand- und Kiesstränden umgeben und durch einen reizvollen Fußpfad (zwanzig Minuten) miteinander verbunden. In Donje Čelo an der Nordwestseite steht die Kirche Sveta Marija (1250-1450) mit zahlreichen römischen und mittelalterlichen Relikten, und auf einer Terrasse über dem Meer erhebt sich die im 18. Jahrhundert restaurierte vorromanische Kirche Sveta Antuna Padovansko mit einer hübschen Kuppel.

Einziger Ort der 4,6 Quadratkilometer großen Insel Lopud, die von den Griechen Delaphodia und von den Römern Lafota genannt wurde, ist das Dorf Lopud mit 350 Einwohnern. In weitem Bogen erstreckt es sich um den Kies-Sand-Strand der Bucht, flankiert von einem Hotel und der malerisch überwucherten Ruine des Franziskaner-Wehrklosters, das 1483 im Übergangsstil zwischen Gotik und Renaissance erbaut wurde.

Eine hübsche Promenade mit Cafés, Tavernen und stattlichen, alten Marmorvillen säumt das stille Wasser. Sehenswert sind der schlichte Kreuzgang der Klosterruine mit wuchtigen achteckigen Säulen und die romanische Klosterkirche Sveta Marija od Špilice. Ein schöner Spazierweg führt zur Südostseite der Insel, wo über der Šunj-Bucht die im 12. Jahrhundert errichtete, später umgebaute Votivkirche Sveta Gospa od Šunja aufragt – mit einem Wappen der lombardischen Visconti-Familie, einem prachtvoll geschnitzten Hauptaltar und wertvollen Gemälden. Bei Streifzügen durch die Insel kann man rund dreißig weitere Sakralbauten (bzw. deren Ruinen) entdecken, darunter vier altkroatische Kapellen aus dem 9. bis 11. Jahrhundert.

Šipan, die mit 16,5 Quadratkilometern größte Insel des Archipels, liegt 17 Kilometer von Dubrovnik entfernt und hat fünfhundert Einwohner, die in den beiden Küstenorten und mehreren verstreuten Weilern leben. Hauptsiedlung ist Šipanska Luka in der malerischen Nordwestbucht mit dem großen Rektorenpalast, dessen wohlproportionierte Fassade bereits italienische Renaissance-einflüsse zeigt, und der spätgotischen Kirche Sveti Stjepan. In der Bucht am anderen Ende der Insel liegt das Fischerdorf Sudjuradj. Dort stehen prunkvollen Sommerresidenzen alter Adelsfamilien. Die fünf Kilometer lange Teerstraße zwischen beiden Orten führt am zerfallenen Sommersitz der Erzbischöfe von Dubrovnik vorbei. Fußwege durch Macchia, Zypressenwälder, Obstgärten und Palmenparks erschließen das Inselinnere und führen zu einer Reihe altkroatischer Kirchen mit orientalisch anmutenden Kuppeln.

Mljet – Honiginsel mit subtropischer Pflanzenpracht

Mljet ist die südlichste und die grünste aller dalmatinischen Inseln. Touristisch ist das stille Naturparadies kaum erschlossen und des-

Bilder rechts und nächste Doppelseite
Umgebung von Dubrovnik
• Im Renaissancepark Gutečić (1502) in Trsteno
• Insel auf der Insel: Marieninselchen mit Benediktinerkloster im Großen See (Veliko Jezero) auf der Insel Mljet

Konavle-Tal im Südzipfel Dalmatiens: Weinlese bei Gruda

halb der perfekte Ort für Naturliebhaber. Die knapp hundert Quadratkilometer große «Honiginsel» (wie der aus dem Griechischen abgeleitete Name lautet) ist nur von 1200 Menschen bewohnt und zu achtzig Prozent von herrlichen Eichen-, Pinien- und Kiefernwäldern bedeckt. Dank dieser unberührten Natur wurde ein Teil der Insel zum Nationalpark erklärt. Der Legende zufolge haben hier die wilden Amazonen gelebt, und in der Meeresgrotte soll Odysseus sieben vergnügliche Jahre bei der Nymphe Kalypso verbracht haben.

Neben üppiger Natur, eigenartigen Salzseen und der Klosterinsel Sveta Marija sind es die stillen Strände, die den Besuch von Mljet lohnen. Besonders schön ist die Sandbucht Saplunara beim Dorf Korita am Ostende der Insel. Fährhafen ist Sobra (siebzig Einwohner) an der Bucht im Nordosten der Insel. Hier legen die Küstenfähren Split–Dubrovnik an und in der Saison zudem täglich Personen- und Autofähren von Dubrovnik. Hauptattraktion der Insel ist der Nationalpark Mljet, der ihr westliches Drittel umfasst. Der 31 Quadratkilometer große Nationalpark wurde 1960 gegründet und ist für seine üppige und artenreiche Pflanzenwelt bekannt.

Neben Kiefern- und Steineichenwäldern gedeihen Lorbeer, Johannisbrot und Olivenbäume, Mastixsträucher und Myrten. Die einst ebenfalls sehr reiche Vogel- und Reptilienwelt wurde allerdings durch den zur Schlangenbekämpfung eingeführten Mungo stark dezimiert. Das Kernstück des Nationalparks bilden die beiden natürlichen Salzseen Veliko jezero (145 Hektar) und Mali jezero (24 Hektar), die durch Kanäle mit dem Meer verbunden sind. Entstanden sind sie aus Karstsenken, die sich durch das Ansteigen des Meeres mit Wasser gefüllt haben. Ein besonders beliebtes Touristenziel ist die «Insel auf der Insel» im Veliko jezero mit einem Benediktinerkloster.

Zagreb und Zagorje

Wer schon einmal mit dem Flugzeug nach Zagreb reiste, der kennt das Phänomen: Obwohl der Pilot bereits die baldige Landung in der kroatischen Hauptstadt ankündigte, steigt das Flugzeug – anstatt in den Sinkflug zu gehen. Grund dafür ist das mächtige Medvednica-Gebirge, das sich im Norden der Stadt über tausend Meter hoch erhebt.

Zagreb

Mit über 700 000 Einwohnern ist Kroatiens Hauptstadt die größte Stadt des Landes und nach Belgrad die zweitgrößte des gesamten Balkans. Die günstige geografische Lage am Ufer der Save im Südwesten des Pannonischen Beckens, dort, wo der pannonische und der dinarische Raum mit den Alpen und dem Adriaraum zusammentreffen, war ausschlaggebend für Zagrebs Entwicklung zum ökonomischen und verkehrstechnischen Drehkreuz zwischen Mitteleuropa und den Küstenstädten.

Will man die Stadt Zagreb wirklich kennenlernen, so muss man alle ihre drei historischen Kerne, also Oberstadt, Kaptol und Unterstadt besuchen und besichtigen, aus denen sie entstand. Kaptol ist bis heute das Zentrum der katholischen Kirche in Kroatien, die Oberstadt Gradec das politische und administrative Zentrum. In der durch zahlreiche prachtvolle Bauten aus dem 19. Jahrhundert geprägten Unterstadt pulsiert das wirtschaftliche und kulturelle Leben der Stadt.

Idealer Ausgangspunkt dafür ist der zentrale Jelačić-Platz, der auch dem öffentlichen Nahverkehr als Drehkreuz dient und wo das städtische Touristen-Informationsbüro ansässig ist. Namensgeber war der Ban (eine Art Unterkönig) Jelačić, dessen Reiterstandbild den im Schnittpunkt zwischen den Altstadtvierteln Gornji Grad, Donji Grad und Kaptol gelegenen verkehrsreichen Platz überragt.

Vom Jelačić-Platz sind es nur wenige Schritte bis zum Dolac, dem ältesten und buntesten Markt Zagrebs. Hier bieten Händler in Hallen und unter freiem Himmel so ziemlich alles feil, was das kroatische Land und Meer hervorbringen. An seinem Ende führt eine kleine Treppe hinauf in die Opativina Straße und am Standbild des volkstümlichen Narren Petrica Kerempuh vorbei ins älteste Viertel: Kaptol (Kapitol). Am Kaptol-Platz erhebt sich die Kathedrale Mariä Himmelfahrt mit ihren 105 Meter hohen Zwillingstürmen. Die Kathedrale, auch Stephansdom genannt, ist das Wahrzeichen der Stadt. Ihre Schatzkammer birgt den wertvollen Kirchenschatz, der sich seit Gründung des Zagreber Bistums angesammelt hat.

Neben der Kirche erblickt man einen erhalten gebliebenen Teil der alten Stadtbefestigung. Herz und Seele der historischen Kapitelstadt ist jedoch der gotische Dom, dessen ungleich hohe Türme ihm sein markantes Aussehen verleihen. Das im 13. bis 15. Jahrhundert erbaute und 1880 in neugotischen Stil umgestaltete Gotteshaus wird von der im 18. Jahrhundert errichteten Erzbischöflichen Residenz umschlossen. Hinter dieser liegt, verborgen hinter einer hohen, von eindrucksvollen Kuppeltürmen majestätisch bewehrten Mauer, still und friedlich der Zentralfriedhof Mirogoj mit zahlreichen sehenswerten Grabstätten und Kapel-

Bilder nächste beiden Seiten
Zagreb, Kroatiens Hauptstadt
• Goldene Marienstatue am Kapitolsplatz (Kaptol)
• Blick auf die Unterstadt (Donji Grad); Nationaltheater mit dem hl. Georg als Drachentöter

PEKARNICA I SLASTIČARNICA

len der russisch- und der serbisch-orthodoxen Kirche sowie einer islamischen Begräbnisstätte.

Und täglich ruft der Kanonenschuss zum Mittagsmahl

Will man vom zentralen Jelačić-Platz hinauf in die Oberstadt Gornji Grad, so tut man dies am besten und bequemsten mit der ulkigen Standseilbahn. Dieses Kuriosum verbindet seit 1891 die Unter- mit der Oberstadt. Sie endet am mittelalterlichen Lotrščak-Turm, von dem täglich ein Kanonenschuss die Mittagszeit ankündigt.

Oben angelangt, steht man nach wenigen Metern vor der barocken Katharinenkirche. Dieser 1620 bis 1632 von den Jesuiten errichtete Sakralbau gilt dank seinen opulenten Stuckdekorationen und Wandbildern als der schönste der Stadt. Zagrebs bunteste und wohl auch fotogenste Kirche ist aber die Markuskirche, die im Zentrum der Oberstadt am nach ihr benannten Platz aufragt. Ihr heutiges Aussehen verdankt sie einem Umbau im 19. Jahrhundert. Dabei erhielt sie auch ihr viel bestauntes und fotografiertes buntes Ziegeldach, das auch die Wappen von Kroatien (links) und Zagreb (rechts) zeigt.

Ihr gegenüber erstreckt sich das 1910 erbaute Landtagsgebäude. Wenige Schritte entfernt erhebt sich prachtvoll der barocke Ban-Palast, in dem nun die kroatische Regierung untergebracht ist. Zu den sehenswerten Museen der Oberstadt gehören das Museum der Stadt Zagreb, das im ehemaligen Klarissenkloster seinen Sitz hat, dann das Museum für Zeitgenössische Kunst, das Museum für Naive Kunst sowie das Kroatische Naturkundemuseum.

Eine wunderschöne Aussicht über die Dächer der Altstadt bis weit hinaus zu den Trabantenstädten mit ihren gesichtslosen Wohnblöcken eröffnet sich, wenn man auf dem reizvollen Strossmayer-Spazierweg die Oberstadt umrundet.

Unterhalb von Kaptol und Gradec befindet sich Donji Grad, die Unterstadt. Das ständig geschäftig summende und brummende Viertel entstand erst in der zweiten Hälfte des 19. Jahrhundert. Sein Rückgrat bildet das so genannte «Grüne Hufeisen», eine Kette von einladenden Grünanlagen und Parks mit Springbrunnen, Pavillons und Blumenbeeten, die den Rundgang durch die Unterstadt weit eher zu einem vergnüglichen Lustwandeln als zu einer anstrengenden Wanderung machen. Als erstes erreicht man, vom Jelačić-Platz kommend, den Zrinjevac-Platz mit Musikpavillon und angrenzendem Archäologischen Museum.

Dann folgt der Strossmayerov-Platz, an dem die Strossmayer-Galerie, die Moderne Galerie und das Grafische Kabinett auf Besuch warten. Gründer und zugleich größter Spender der berühmten Strossmayer-Galerie war der landesweit verehrte Bischof, Kunstfreund und Mäzen Josip Juraj Strossmayer (1815–1905). Seine Schenkung umfasste 284 Kunstwerke, vorwiegend aus den italienischen Kunstschulen der Renaissance, des Manierismus und des Barock bis zum späten venezianischen Settecento; des Weiteren Werke deutscher, österreichischer, holländischer, flämischer und französischer Künstler.

Ebenso eine Besichtigung erwartet der Kunstpavillon inmitten des weiten, erfrischend grünen Tomislavov-Platzes, der beim Hauptbahnhof der Stadt endet. Hier am ewig hektischen und quirligen Bahnhof erhebt sich ein Bauwerk, das den Bewohnern Zagrebs ebenso ans Herz gewachsen ist wie ihr geliebter Dom und das verehrte Nationaltheater: das legendäre Hotel Esplanade.

Der Weg führt weiter über den begrünten Bahnhofsvorplatz zum Starcevic-Platz, wo der

Bilder rechts
Zagreb, bis 1918 zu Deutsch Agram: Sankt Martin (13. Jh.) in der Oberstadt (Gornij Grad); prächtige Fassaden am Trg bana Jelačića, dem Hauptplatz

1841

ASTRA
KRAŠ

große Botanische Garten beginnt. Zurück Richtung Innenstadt geht es vorbei an der eindrucksvollen Universitätsbibliothek über den Marulicev-Platz mit dem imposanten Gebäude des Kroatischen Staatsarchivs, das man zu Recht als das schönste Gebäude der Sezessionsarchitektur in Zagreb bezeichnet. Nördlich davon finden Sie den Roosevelt-Platz und das Museum Mimara.

Zagorje

Hinter dem zum Naturpark erklärten wilden Naturidyll des Medvednica-Gebirges nördlich von Zagreb verbirgt sich eine Landschaft, die besonders anziehend ist – die Region Hrvatsko Zagorje, eine Gegend mit zahlreichen idyllischen Dörfchen und malerischen Städtchen, bildschönen Bergpanoramen, üppigen Weinbergen sowie Kultur- und Geschichtsdenkmälern in Hülle und Fülle.

Die Marienkirche des bekannten Wallfahrtsortes Marija Bistrica lockt an jedem Wochenende Tausende der streng dem Katholizismus anhängenden Kroaten in die wunderschöne Landschaft der Zagorje. In Belec, 20 Kilometer nördlich von Bistrica, steht die Kirche Sankt Maria im Schnee mit prächtigen Altären und wundervollen Wandmalereien.

Varaždin

Am rechten Ufer der Drau liegt die mit 43 000 Einwohner schon recht ansehnliche Stadt Varaždin. Seine Geschichte und seine Kulturschätze machen Varaždin zu einem der bedeutendsten Fremdenverkehrsorte im Norden Kroatiens. Seine Thermalquellen waren schon zu römischen Zeiten beliebt und bekannt. Seine imposanteste Sehenswürdigkeit ist die außergewöhnlich gut erhaltene Renaissanceburg, zu deren Füßen sich

Standseilbahn, die Zagrebs Unter- und Oberstadt verbindet und oben beim Lotrščak-Turm (13. Jh.) – wo die Mittagskanone knallt – endet

enge und verschlungene Gassen durch die historische Altstadt ziehen. Und ein ganz besonderes Kleinod ist der Friedhof, dessen Besuch Sie sich nicht entgehen lassen sollten. Denn der im Stil der prachtvollen Gärten von Versailles angelegte Gottesacker zählt zu den schönsten Europas. Ein musikalischer Leckerbissen sind die jährlich veranstalteten Barockmusikabende, die zu den bedeutendsten Konzertveranstaltungen des Landes zählen.

Größter Ort der Hrvatsko Zagorje und sein kulturelles Zentrum ist das 4500-Seelen-Städtchen Krapina, in dessen Nähe man Ende des 19. Jahrhunderts Überreste und Gebeine von Neandertalern fand. Heute ist der Fundort, die berühmte Husnjakovo-Höhle, die größte Besucherattraktion der Stadt. Die in der Höhle entdeckten Fundstücke, die zu den weltweit bedeutendsten ihrer Art gehören, kann man heute im archäologischen Museum für Stammesgeschichte in der Stadt bestaunen. Krapina selbst dient mit seinen historischen Gemäuern und Fassaden als passende Kulisse der jährlich stattfindenden Kajkavischen Kulturwoche mit dem Kajkavischen Liederfestival (September) und des Kinderfestivals (Juni). Bei diesen Veranstaltungen hören Sie Gedichte und Lieder in der seltenen kajkavischen Mundart und sehen volkstümliche Tänze sowie landesübliche Folklore.

Nahe Krapina finden Sie das barocke Gotteshaus Trški Vrh, eine Wallfahrtskirche mit überwältigenden Wand- und Deckenmalereien.

Veliki Tabor

Ganz im nordwestlichen Winkel der Hrvatsko Zagorje dominiert – unweit der Ortschaft Desinić – wunderschön auf einem Hügel die berühmte Renaissanceburg Veliki Tabor, von der Unesco in die höchste Denkmalkategorie eingestuft, die Gegend.

Der Legende nach liegt die Burg auf dem Gipfel einer Insel, die einst aus dem Pannonischen Meer ragte. Die Wissenschaft vermutet, dass sich an ihrer Stelle einst eine römische Festung befand. Sicher ist, dass im 12. Jahrhundert der fünfeckige Burgfried errichtet wurde und durch ständige Um-, An- und Ausbauten daraus nach und nach eine ob ihrer Pracht und Schönheit ebenso vielbesungene wie eindrucksvolle Burganlage entstand.

Die gewaltigen halbkreisförmigen Burgtürme, die Veliki Tabor seine Harmonie und Schönheit verleihen, wurden im 15. und 16. Jahrhundert angebaut, das heutige Eingangstor und der dazugehörige Trakt um 1800. Dank der ständigen Anbauten wuchs aus dem Kernschloss eine weitläufige Anlage mit einer Gesamtfläche von annähernd 3400 Quadratmetern heran; deren besonderer Charme zeigt sich in den nach und nach entstandenen vielen unterschiedlichen Dachformen der Wehranlage, die das zentrale Wohngebäude umschließt.

Das Schloss von Veliki Tabor und die zahlreichen darin enthaltenen Sammlungen und Kunstschätzen sind mit das wichtigste nationale Kulturgut der Kroaten. Zu seiner außergewöhnlichen Innenaustattung zählt ein historischer Weinkeller mit großer Weinpresse, in dem man noch heute beim Wein im Sommer die angenehme Kühle genießen kann. Ebenso interessant ist die orginal erhaltene Manufaktur, in der einst Medikamente hergestellt wurden. Die mit Hellebarden geschmückte Große Halle ist der schönste Teil Veliki Tabors.

Auch wenn die einst hier gezeigte einmalige historische Waffensammlung zu Zeiten des Vielvölkerstaates Jugoslawien nach Belgrad geschafft wurde, bewahren die wuchtigen Schlossmauern noch immer zahlreiche wertvolle Schätze. Zu ihnen gehören eine Sammlung historischer Fahrzeuge, eine sehr bedeutende Kunstgalerie mit über 2000 Werken und eine reiche ethnografische Sammlung. Andere Räume und Hallen widmen sich der hohen Kunst des Fechtens, historischen Rüstungen und manch Mittelalterlich-Ritterlichem mehr.

Bilder nächste beiden Seiten und Doppelseite 176/177

Kroatische Zagorje

- **Barockste Altarpracht in der historischen Kirche Sankt Maria vom Schnee im Dörfchen Belec; Wandmalereien in der Barockkirche Trški Vrh nördlich von Krapina**
- **Varaždin: Das Alte Schloss, früher Festung gegen die Türken; Friedhof im Stil Versailles'scher Gärten**
- **Unesco-Weltkulturerbe in traumhafter Hügellandschaft: Blicke zur, in und von der Renaissanceburg Veliki Tabor**

Mladen Kovačević

Geschichte

Dank seiner Lage am Schnittpunkt von Orient und Okzident, zwischen Mitteleuropa und mediterraner Welt, und geprägt von römischen, germanischen und slawischen Einflüssen, hat das heutige Kroatien über rund dreitausend Jahre hinweg eine überaus wechselvolle und kontrastreiche Geschichte erlebt: Ab etwa 1100 v. Chr. dringen illyrische Stämme von Mitteleuropa her an die Adria vor. Darunter die Stämme der Histrer, von denen sich der Name Istrien ableitet, und der Delmater, nach denen Dalmatien benannt ist. Ab etwa 500 v. Chr. landen griechische Kolonisten, die über das Meer kommen, und gründen Niederlassungen im südlichen Küstenraum. Ihnen folgen ab 229 v. Chr. die Römer, die in mehreren Kriegen gegen die Illyrer zunächst die Königin Teuta (228 v. Chr.), dann Dimitrios von Hvar besiegen. Im Jahre 155 v. Chr. schlagen sie auch die Delmater und erobern deren Hauptstadt. 78 v. Chr. gewinnen sie Salona (beim heutigen Split) hinzu und errichten dort eine eigene Provinz. Unter Kaiser Augustus gelingt es ihnen schließlich, das gesamte Gebiet der Illyrer zu unterwerfen und es als Ostprovinz Illyricum zu festigen und systematisch zu erschließen.

Die Trennlinie zwischen Orient und Okzident, die bis heute quer über den Balkan verläuft (und bis vor kurzem mitten durch den Vielvölkerstaat Jugoslawien), wird bereits im Jahre 395 durch die Teilung des römischen Reiches in Ost- und West-Rom gezogen. Die endgültige Spaltung des Christentums im griechischen Schisma von 1054 vertieft den Graben noch, so dass er auf tausend Jahre als scharfe Trennlinie bestehen bleibt. Bis heute scheidet diese Linie nicht nur die römisch-katholische von der griechisch-orthodoxen Kirche, sondern zugleich die katholischen Kroaten, die das lateinische Alphabet verwenden und sich (durch die abendländische Kultur geprägt) nach Westen orientieren, von den orthodoxen Serben, die kyrillisch schreiben und die (von der byzantinischen Kultur beeinflusst) einen eigenen Weg gehen.

Zusätzlich kompliziert wird die Situation ab dem 16. Jahrhundert durch die türkischen Osmanen, die auf dem südlichen Balkan den Islam einführen, sowie dadurch, dass die nach Religion, Schrift, Sprache und Kultur so unterschiedlichen Völker nicht in getrennten Staaten leben, sondern sich räumlich durchmischen.

Die kroatische Geschichte im engeren Sinne beginnt, als Ende des 6. Jahrhunderts im Zuge der Völkerwanderung von Norden vordringende Awaren und Slawen den Raum zwischen Donau und Adriaküste besiedeln. Einer dieser südslawischen Stämme sind die Kroaten, die sich im heutigen Istrien und Dalmatien niederlassen. Von den Franken werden sie zum römisch-katholischen Glauben bekehrt. Gleichzeitig dringen in die zerfallende Römerprovinz Illyrien von Osten her Serben vor, die sich zur orthodoxen oströmischen Kirche bekennen.

Zur Keimzelle Kroatiens wird das Städtchen Nin bei Zadar, das den Kroaten deshalb bis heute als Nationalheiligtum gilt. Es ist bereits um 800 Residenz von Višeslav, dem ersten namentlich bekannten kroatischen Fürsten. 852 begründet Fürst Trpimir hier die erste kroatische Herrscherdynastie, und 864 wird Nin zum ersten Bischofssitz des Reichs. Eine wesentliche Rolle spielt dabei der Bischof Grgur Ninskj (Grgur von Nin). Er kämpft gegen die Forderung Roms, das dem Volk unverständliche Latein als Kirchensprache zu verwenden, und schafft es, eine kroatische Volkskirche und den Gebrauch der altkirchenslawischen Schrift Glagoliza durchzusetzen.

Im Mai 879 anerkennt Papst Johannes VIII. den Fürsten Branimir als legitimes Staatsoberhaupt Kroatiens und damit das Land als einen souveränen Staat. Mit Siegen über Ungarn gelingt es König Tomislav 910 bis 930, die getrennten Siedlungsgebiete der Save- und der Adria-Kroaten zu vereinigen. 925 wird er zum König von Kroatien gekrönt und vom Papst anerkannt. Seine Blütezeit erlebt Kroatien unter der Regentschaft von König Petar Krešimir IV. (1058–1074). Das Land erreicht seine größte territoriale Ausdehnung und steigt zur Großmacht auf. 1075 wird Zvonimir in Solin vom Gesandten des Papstes Gregorius VII. zum König von Kroatien gekrönt. Doch die Blüte währt nicht lang. Das unabhängige Königreich Kroatien erlischt mit König Stjepan II., als dieser 1091 ohne Nachkommen stirbt. Mit der Krönung des Ungarn Koloman im Jahr 1102 zum «König von Ungarn, Kroatien und Dalmatien» wird das Land Teil des in Personalunion regierten ungarisch-kroatischen Doppelreichs, in dem es bis 1526 verbleibt.

Als katholisches Bollwerk steht Kroatien von Anfang an in ständigem Konflikt mit dem orthodoxen Rivalen Serbien. Zu Beginn des 12. Jahrhunderts kommt als neue Bedrohung Venedig hinzu, das sich zur mächtigen Handels- und Seemacht aufschwingt, die bisherige Ordnungsmacht Byzanz in der östlichen Adria ablöst und alle wichtigen Hafenstädte und Inseln unter seine Kontrolle bringt. Der venezianische Einfluss prägt bis heute Kunst und Kultur im gesamten Küstenbereich, konnte aber das Hinterland jenseits der Küstengebirge kaum erreichen.

Parallel zum Erstarken Venedigs verläuft der Niedergang des mächtigen oströmischen Reiches. Jahrhundertelang bestimmen die Auseinandersetzungen zwischen Rom und Byzanz die Geschicke des römisch-katholischen Frontstaates Kroatien. Als während des vierten Kreuzzugs (1202–1204) Konstantinopel fällt, ist die Macht der byzantinischen Kaiser gebrochen und ihr Reich wird zwischen Venedig und den Kreuzrittern aufgeteilt.

Zugleich öffnet der Zerfall Ost-Roms aber auch die Tür für eine neue Macht, die den Balkan bis heute entscheidend beeinflusst: die Osmanen. Ab Mitte des 14. Jahrhunderts dringen sie nach Europa vor, erobern Makedonien und schlagen 1389 auf dem Amselfeld die Serben. Damit wird das katholische Kroatien zum Frontstaat zwischen dem christlichen Abendland und dem islamischen Osmanenreich. Als es kroatischen und habsburgischen Heeren durch den Sieg bei Sisak gelingt, das weitere Vordringen der Osmanen aufzuhalten, wird 1699 im Frieden von Karlowitz (Sremski Karlovci) die Save als Grenze zwischen dem osmanischen und dem habsburgischen Herrschaftsbereich festgelegt. Dadurch ist eine weitere Grenze gezogen, die bis in die Gegenwart hinein verhängnisvolle Spannungen erzeugt.

Zur Grenzsicherung siedeln die Habsburger im sogenannten «Militärkroatien» (kroatisch: Krajina) serbisch-orthodoxe Wehrbauern an. Diese «Krajina-Serben» werden – als Gegenleistung für umfangreiche Privilegien – dazu verpflichtet, ständig unter Waffen zu stehen. Damit entsteht in den kroatischen Grenzregionen eine serbische Bevölkerungsmehrheit, die in den Konflikten beim Auseinanderbrechen Jugoslawiens und bis heute eine zentrale Rolle spielt.

Der Weg zur «nationalen Wiedergeburt» beginnt für Kroatien 1830 mit der Einführung einer einheitlichen lateinischen Schriftsprache. 1860 gründet Ante Starčević die «Partei des Rechts». Sie betrachtet die Serben als «rassisch durchmischte Kroaten» und tritt für ein Großkroatien ein, das von den Alpen bis zur Drina und von Albanien bis zur Donau reichen soll. Im Königreich Serbien hingegen kämpfen die nationalen Kräfte ihrerseits für das Kyrillische als einzige slawische Schrift, propagieren die Überlegenheit ihrer Kultur und fordern ein Großserbien.

Die lange aufgestauten Spannungen entladen sich, als der Serbe Gavrilo Prinčip am 28. Juni 1914 den österreichischen Thronfolger Franz Ferdinand erschießt. Österreich-Ungarn beschuldigt die serbische Re-

Nationalheld Josip Jelačič (1801–59) auf dem gleichnamigen Platz – dem Hauptplatz von Zagreb

gierung der Mitwisserschaft und erklärt ihr am 28. Juli den Krieg. Im daraus entstehenden Ersten Weltkrieg eskaliert der Kampf zwischen Serben und Kroaten zu blutiger Grausamkeit. Nach dem Zerfall der Donau-monarchie wird der Balkan ein weiteres Mal neu aufgeteilt: Istrien und die Hafenstadt Zadar kommen zu Italien, und das zu den Verlieren gehörende Kroatien wird Teil des 1918 neu geschaffenen «Königreichs der Serben, Kroaten und Slowenen». Den vom Kriegsgewinner Serbien mit harter Hand regierten Staat empfinden die Kroaten von Beginn an als Zwangsjacke. Unruhen und Aufstände erschüttern das staatliche Konglomerat, das künstlich zu vereinen sucht, was nicht zu vereinen ist. Die Reihe politischer Attentate gipfelt 1934 darin, dass kroatische Nationalisten den serbischen König Alexander ermorden.

Im Zweiten Weltkrieg besetzt die deutsche Wehrmacht Jugoslawien. Weite Teile Sloweniens und Kroatiens kommen zu Italien. Im kroatischen Reststaat wird ein aus der faschistischen Ustascha gebildetes Vasallenregime eingesetzt, das unter Führung von Ante Pavelić und in Zusammenarbeit mit der katholischen Kirche die systematische Vertreibung und Vernichtung der Serben beginnt. Im Gegenzug begehen die serbischen Tschetnik-Partisanen Massaker an den Kroaten und rotten ganze Dörfer aus. Der Balkan versinkt in einem unfassbar blutigen und grausamen Bürgerkrieg zwischen Kroaten und Serben, Muslims und Christen, Albanern, Königstreuen, Faschisten, Kommunisten und Nationalisten. 1,5 Millionen Jugoslawen finden dabei den Tod.

Aus diesem Gemetzel gehen am Ende des Zweiten Weltkrieges die kommunistischen Partisanenverbände Titos siegreich hervor – und verüben nun ihrerseits systematischen Massenmord an den kroatischen Ustascha-Faschisten. Im November 1949 wird ein neuer künstlicher Staat geschaffen: die «Sozialistische Föderative Volksrepublik Jugoslawien». In diesem Vielvölkerstaat unter Titos Herrschaft erhalten die einzelnen Republiken zwar ihre eigenen Verfassungen und Parlamente, und den serbischen Regionen Kosovo und Vojvodina wird ein autonomer Status gewährt – doch regiert wird in der serbischen Hauptstadt Belgrad. Auch wenn es vorerst zu keinem offenen Konflikt zwischen den Völkern kommt, ein wirklich friedliches Miteinander ist es trotzdem nicht.

Mit eiserner Hand unterdrückt Tito jeden auch nur vermuteten Versuch der Teilrepubliken, den in der Verfassung verankerten Föderalismus in die Praxis umzusetzen. Verbittert müssen die wirtschaftlich starken Kroaten und Slowenen erleben, wie ihr Geld im aufgeblähten Parteiapparat Belgrads verschwindet. Der sogenannte «kroatische Frühling», in dem die Regierung in Zagreb ab 1967 versucht, sich von den wirtschaftlichen, politischen und kulturellen Fesseln Belgrads zu lösen, scheint zunächst hoffnungsvoll. Doch mit der zunehmenden Liberalisierung brechen auf beiden Seiten auch die alten Feindschaften wieder auf, und reaktionäre nationalistische Kräfte bestimmen die Auseinandersetzungen. 1971 unterdrückt Tito gewaltsam die «bürgerliche Konterrevolution» in Kroatien.

Noch einmal kann der Scheinfriede gewahrt werden. Doch nach dem Tod Titos am 4. Mai 1980 ist es endgültig damit vorbei. Der Historiker Franjo Tudjman bezichtigt die Serben öffentlich der Ausbeutung und Unterdrückung der Kroaten. Auf serbischer Seite sammeln sich die nationalistischen Kräfte hinter dem Präsidenten Milošević, der den Regionen Kosovo und Vojvodina die Autonomie aberkennt und großserbische Träume realisieren will. Der Konflikt verschärft sich rasch.

Als die wirtschaftlich weiterhin erfolgreichen Republiken Slowenien und Kroatien ihre Loslösung aus dem Vielvölkerbund fordern, kontern die Serben mit der Stärkung des Belgrader Zentralismus und mit massiven militärischen Drohungen. Im April gewinnt die von Tudjman gegründete nationalistische und extrem antiserbische «Kroatische Demokratische Union» (HDZ) 193 von 365 Sitzen im kroatischen Parlament und beansprucht die von Kroaten bewohnten Teile der Republik Bosnien-Herzegowina. Belgrad wiederum betrachtet die mehrheitlich von Serben bewohnten kroatischen Regionen als «Westserbien». Als die nationalistische Tudjman-Regierung in einer Verfassungsreform nur noch Kroaten als Staatsvolk erwähnt, bricht im August 1990 in der überwiegend serbischen Krajina offener Widerstand aus. Die Krajina-Serben proklamieren die «Serbische Autonome Republik Krajina» und fordern deren Anschluss an Serbien. Am 8. September 1991 erklärt Kroatien seine Unabhängigkeit. Im Gegenzug erobern die Serben Ostslawonien, rücken zur Adriaküste vor und schneiden durch die Sprengung der Maslenica-Brücke bei Zadar ganz Dalmatien ab. Sie belagern und beschießen dalmatinische Küstenstädte und beginnen mit der «ethnischen Säuberung» der eroberten Gebiete.

Auf kroatischem Boden findet die Tragödie mit dem von der UNO ausgehandelten Waffenstillstand von 1992 ein vorläufiges Ende. Doch 1993 überschreitet die kroatische Armee die Waffenstillstandslinie und erobert die serbisch besetzten Gebiete zurück – mit Ausnahme Ostslawoniens, das unter UNO-Verwaltung kommt und später an Kroatien zurückgegeben wird. Der kroatisch-serbisch-bosnische Krieg endet schließlich mit dem Friedensvertrag von Dayton am 14. Dezember 1995.

Tudjman führt seine nationalistische HDZ noch einmal in die für Januar 2000 angesetzten Parlamentswahlen. Doch aufgrund seines sich dramatisch verschlechternden Gesundheitszustands erklärt ihn das Verfassungsgericht für amtsunfähig, und am 10. Dezember 1999 stirbt Franjo Tudjman. Die Wahlen bescheren der Opposition einen überwältigenden Überraschungssieg. Neuer kroatischer Ministerpräsident wird Ivica Račan (seit 2003 Ivo Sanader), der sich zu Marktwirtschaft, Demokratie und der Öffnung nach Europa bekennt. Auch die kurz darauf stattfindenden Präsidentenwahlen enden mit einem überraschenden Sieg: Neuer Präsident wird der Außenseiter Stipe Mesić (Wiederwahl 2005), der das Ende der Ära Tudjman ankündigt. Mit tiefgreifenden demokratischen Reformen öffnet er das Land. Im Frühling 2005 beginnen die Beitrittsverhandlungen zwischen der EU und Kroatien.